퀴어스레 신학하기
한국 퀴어신학의 시작

퀴어스레 신학하기
한국 퀴어신학의 시작

한국퀴어신학아카데미 지음

추천사

***

내가 여전히 무지개 묵주를 쥐고 기도하는 까닭은

놀랍게도 여전히 묵주를 손에 쥐고 기도를 하는 나는 얼마 전 기도 중 루카복음서 제2장 35절의 말씀에 꽂혔다. "그리하여 당신의 영혼이 칼에 꿰찔리는 가운데, 많은 사람의 마음속 생각이 드러날 것입니다." 예루살렘의 예언자 시메온이 세례를 받으러 성전에 온 아기 예수를 축복하며 예수의 어머니 마리아에게 한 말이다. 성 경험이 없는 여성임에도 갑자기 예수를 임신하고 출산까지 하게 된 마리아는 그 말을 듣고 무슨 생각을 했을까. '처녀의 몸'으로 임신을 해 부정하다며 돌에 맞아 죽을 뻔한 경험을 견디고 드디어 아기를 품에 안았던 마리아의 마음을 우리는 헤아릴 수 있을까. 성소수자 여성으로 2025년을 살고 있지만, 내가 힘들다고 해서 누군가의 고통을 쉽게 나의 고통과 견

주거나 비교해서는 안 될 것이다. 그럼에도 저 구절이 나의 마음에 꽂혔던 건 나를 향해 돌을 던지던 그들의 입에서 나온 말들 속에서 편협함을 읽었던 경험이 있기 때문이었다. 여기서 내가 맞은 돌은 물론 예수의 어머니 마리아가 맞은 돌과는 다르다. 그러나 한편으로는 생각한다. 정말 다른가.

이제는 더 말하기도 입 아픈 사건을 여기서 다시 끄집어내야겠다. 연세대학교에서 특강을 맡아 진행을 앞둔 어느 날이었다. 당시 연세대 총여학생회는 반페미니즘 공격에 휘청거리고 있었고, 나는 대학가를 중심으로 한 페미니즘 백래시에 대한 강연을 준비했다. 그러나 강연 내용은 그리 중요하지 않았다. 어떤 강의를 하건 내가 누구인지에만 집착하던 이들이 있었으니까. 그들은 바이섹슈얼 페미니스트인 은하선이 어떻게 기독신학을 기반으로 세운 대학교에 강의를 올 수가 있는지 물으며 서명을 받기 시작했고 그 여파는 엄청났다. 학내 기독교인들과 기독교인은 아니지만 어찌 되었건 페미니즘은 싫으니 잠시 기독교를 지지하기로 한 반페미니스트들이 모여 놀라운 숫자가 되었다. 강의가 취소되어도 이상할 것 없는 분위기였다. 강의 당일, 강의실 앞에는 "은하선 물러가라" 팻말을 든 학생들이 줄을 지어 나를 반겨 주었다. 주최 측에 최대 볼륨으로 마이크를 올려 달라고 요청한 후 그들의 환호와 환성을 들으며 기쁜 마음으로 강연을 진행했다.

그들이 나를 공격하고 비난하며 반대했던 이유 중에는 내가 십자가 딜도를 팔았다는 것도 있었는데, 안타깝지만 그건 유언비어였다. 나는 십자가 딜도를 구경조차 해

보지 못했다. 단지 구글에서 검색한 십자가 모양 딜도를 부처 모양 딜도와 함께 페이스북에 올렸을 뿐인데, 그 사실이 '은하선이 십자가 딜도를 판다', '십자가 딜도를 만든다', '십자가 딜도로 자위를 한다' 등 다양한 변주를 거쳐 퍼져 나가기 시작했다. 당시 내가 올린 십자가 딜도를 판매하던 미국의 딜도 업체는 코로나를 거치며 문을 닫았다. 결국 소문만 남았다.

이 글의 첫 문장에 '놀랍게도 여전히'를 넣은 이유는 여기에 있다. 기독교인들에게 온갖 공격을 받고도 아직 신앙을 놓지 못한 나를 누군가는 신기한 눈으로 바라본다. 한 인터뷰에서는 이런 질문을 받은 적이 있다. 그럼에도 불구하고, 그러니까 반페미니즘적이고 반성소수자적인 교회의 분위기에도 불구하고 아직도 신앙을 가지고 있는 이유는 무엇인가요. 나도 잘 모르겠다. 그 이유를 알면 나를 비롯한 수많은 교회 안 퀴어들이 탈출할 수 있도록 도움을 줄 수 있을 텐데 안타깝다. 물론 이건 농담이다.

십자기 딜도 대소동을 비롯해 기독교인들로부터 온갖 공격을 받은 나는 한때 퀴어신학에 큰 뜻이 생겨 종교학과 진학을 잠시 꿈꾸었다. 십자기 딜도가 왜 신성모독이 아닌지 논문을 쓰겠다며 말이다. 자기 객관화가 잘된 덕분에 내가 책상에 앉아 깊은 탐구를 하기엔 너무나 엉덩이가 가벼운 인간임을 알고 그 꿈은 일찌감치 접었다. 훌륭한 선생님들이 퀴어신학 연구를 해 주신 덕분에 난 이렇게 엑기스를 담은 이 책을 읽으며 교회 안에서 고군분투하는 무지개 식구들을 만나고 있다.

'동정이신 성모마리아'의 몸을 통해 세상에 오신 예

수님은 사실 이토록 선명한 창녀와 성녀 구분이 얼마나 여성혐오적인지를 보여 주고 싶으셨던 건 아니었을까. 한평생을 넘어 죽어서까지도 순결을 지킬 각오가 되어야 예수님을 잉태할 만한 깨끗한 여성으로 간택당한다는 논리를 가끔 교회 안에서 마주할 때면 저게 정말 맞나 싶은 생각이 든다. 여성의 몸을 통해 왔지만 그 여성의 몸은 사실 더럽다는 메시지를 주고 싶으셨을 리가 없다. 사람들이 제멋대로 성경을 읽을 때 '하늘에 계신 우리 아버지'는 무슨 마음으로 바라보실까. '날 사랑하고 혐오'하시는 하느님에 대한 메시지를 받는 교회 안 퀴어들은 나와 같은 황망한 마음을 한 번쯤은 가져 보았을 것이다. 게이 가톨릭 신학자 제임스 앨리슨 신부는 이러한 신학적 언어를 '이중포박'이라고 표현했다(187쪽). 수많은 이중화법은 교회 안 소수자들을 괴롭게 만든다. 숨을 쉬듯 이런 표현들에 노출된 소수자들은 여기서 벗어나는 방법을 생각하다가 세상을 떠나겠다는 결심을 하기도 한다.

"이런 종류의 신학적 폭력은 신학의 그늘 아래에서 신앙의 보금자리를 틀었던 사람들에게는 영적 학대로 작용한다. 가정 폭력 피해자가 학대에서 벗어나는 것이 지극히 복잡하고 어려운 이유는 폭력이 행해지는 곳이 피해자에게 너무도 친밀한 관계로 얽혀 있는 곳이기 때문"(187~188쪽)이라는 문장을 읽으며 손뼉을 쳤다.

우리는 가정폭력 피해자에게 왜 집에서 더 빨리 벗어나지 않았는지를 묻거나 왜 이혼을 하지 않았는지를 묻는 건 엄연히 피해자를 탓하는 방식의 또 다른 폭력이 될 수 있음을 알고 있다. 그런데 교회가 그렇게 성소수자 혐오적이고 성소수자가 싫다는데도 왜 교회를 벗어나지 않는 지를 물어보는 건 왜 폭력이 아닌가. 교회를 변화시키고 교회 안의 문제를 해결하여 새로운 교회 공동체를 만드는 것은 소수자가 살아남기 위한 방법이다. 물론 십수 년 전에는 가정폭력은 가정 내에서 해결해야 한다는 말이 당연한 듯 떠돌았다. 그렇지만 지금은 변화했다. 이처럼 교회도 변화가 필요하다.

  변화를 받아들이는 건 물론 쉽지 않다. 눈물을 흘리며 대표기도를 하고, 집수리 봉사까지 도맡던 부부가 동성애 반대를 적극적으로 하지 않는다며 교회를 떠났다는 에피소드(205쪽)는 변화를 받아들이기가 얼마나 힘든지를 보여 주는 한 예시다.

  변화는 쉽지 않지만 변화는 필수불가결하다. "목사들이 '앞으로 내가 동성애를 할 것 같지는 않다'고 생각하기 때문에, 성소수자들을 향해 존재 자체가 죄라고 소리치는 거다. 예장 통합총회가 명성교회 세습을 눈감아 준 이유도 여기에 있다. 자기들도 세습할 가능성이 있으니까."(165쪽) 김근주 교수가 대한예수교장로회 통합총회에서 벌어진 유사한 상황을 비판하면서 지적한 대목을 읽으며 인간의 편협함에 대해 생각했다. 내가 모르고 계속 알 필요가 없는 사람은 쉽게 투명인간 취급하거나 죄지은 인간이라 명명한다. 긴 치마와 다름없는 옷을 입고 치렁치렁 어깨 너머까지 내려오는 긴 머리를 한 예수님. 현대적 시각에서 보면 크로스드레서와 다르지 않다. 한때 한국에서는 장발이나 파마머리를 한 남성들을 단속했다. 남자답지 않다는 이유로 말이다. 그때 예수님이 한국에 오셨다면 어땠을까.

트레이드마크인 긴 곱슬머리를 단속당한 예수님은 얼마나 당황스러우실까.

묻고 싶다. 당장 좋아하는 연예인이 생기면 그 사람이 입는 옷부터 헤어스타일까지 따라 하려고 하는데 왜 목사들은 자신들의 최애인 예수님의 헤어스타일을 따라하지 않는가. 하라는 말은 아니니까 오해는 말아 달라. 어쩌면 머리를 기르는 순간 자신의 성별 정체성이 애매해진다고 생각하기 때문은 아닐까. 모호한 성별로 오해(?)받아 결국은 성소수자 취급당하는 것에 대한 걱정이 예수의 발자취를 따르는 것보다 우선인가. 머리를 기를 용기조차 없으면서 예수님의 모습을 닮고자 하고, 동시에 성소수자를 혐오하는 사람들. 자신에게 유리한 부분만 잘라서 해석하는 것과 무엇이 다를까.

이 책은 바뀔 용기가 없는 한국 교회 안에서 싸워 온 치열한 내부 고발의 기록이기도 하다. 그리고 성서를 자기 마음대로 해석하는 이들에게 건네는 친절한 설명이기도 하다. 퀴어비평의 방법론을 이용해 이사야서를 읽으며 정상가족 이데올로기, 젠더 규범, 이성애 규범성을 해체하는 유연희의 글을 인용하고, 이유정의 글을 인용해 민중신학의 개념을 가로지르며 퀴어를 재정의한다. 기독교의 반성소수자적 분위기 때문에 기독교에 대한 부정적인 경험을 갖게 된 이들을 시혜적인 측면으로 읽지 않는다. 교회 안에 당연하게 존재할 수밖에 없는 성소수자를 바꾸어야 할 존재로 단정 짓는 것을 경계한다. 또 현재진행형인 교회 내 퀴어혐오를 낱낱이 밝힌다. 서울퀴어문화축제가 개신교 계열 케이블 방송사의 재단이 진행하는 '청소년·청년 회복 콘서트'에게 두 번씩이나 자리를 빼앗긴 일이 과연 정당한지 되묻고, 퀴어문화축제에서 퀴어들에게 축복식을 했다는 이유로 감리교단에서 출교를 당해 몇 년째 싸우고 있는 이동환 영광제일교회 목사가 겪은 일을 말하며 교회 내 차별을 드러낸다. "동성애 혐오적인 몇 구절의 해석을 바꾸는 것보다 더 중요한 과제는 저 그리스도인들에게 과연 예수의 정신과 실천을 되새기며 그를 따르겠다는 의지가 있는가라는 근본적인 문제 제기라는 생각이 들었다"(149쪽)는 문장을 읽으며 또 한 번 교회 내 성소수자 차별이 예수가 지나온 삶과 얼마나 큰 차이가 있는 지를 생각했다.

이 책을 읽으며, 세리들과 어울려 식사를 하는 예수를 보며 "왜 저 사람은 세리들과 죄인들과 어울려서 음식을 먹습니까?"라고 물었던 바리새인들을 떠올리며, 성소수자를 반대하며 예수를 따른다는 착각을 하고 있는 그들에게 근본적인 질문을 던지고 싶다. 당신들은 무엇을 믿고 있습니까.

섹스 칼럼니스트

은하선

발간사

《퀴어스레 신학하기 : 한국 퀴어신학의 시작》의 출간을 기쁜 마음으로 알립니다

오늘날 한국 교회와 신학은 이성애주의와 가부장주의에 깊이 뿌리내려 있습니다. 교회는 차별과 혐오를 부추기고, 신학은 그러한 행태에 복무하며 성소수자의 삶과 신앙을 지워 왔습니다. 이러한 현실 앞에서 우리는 주류 신학이 당연시해 온 질문과 답변에 물음표를 던지고자 했습니다. 그리고 이제, 퀴어의 경험을 중심에 두는 새로운 신학의 물꼬를 트기 위해 이 책을 내어놓습니다.

《퀴어스레 신학하기: 한국 퀴어신학의 시작》은 한국적 맥락 속에서 퀴어신학이 어떻게 태동하고 발전해 왔는지를 보여 주는 연구 모음집입니다. 학문적 성찰과 신앙 공동체의 경험, 그리고 현장에서의 목소리들이 모여, 한국 퀴어신학의 발전을 위한 초석이 되고자 합니다. 이 책에 담긴 글들은 단순히 성소수자의 권리를 옹호하는 데 머물지 않고, 신학의 언어와 교회의 모습을 새롭게 바꾸어 가는 힘을 담고 있습니다.

무엇보다 우리는 이 책을 통해 신학이 누군가를 배제하거나 침묵시키는 것이 아니라, 오히려 모든 존재의 다양성을 존중하고 함께 살아가는 길을 여는 일이어야 함을 말하고자 합니다. 차별의 현실을 넘어, 서로 다른 빛깔이 모여 무지개를 이루듯, 신학 또한 다양한 목소리와 경험이 함께할 때 더욱 풍성해질 것입니다.

이 책을 가능하게 해 준 모든 필자와 연구자, 그리고 퀴어신학을 지지하며 용기와 연대로 함께해 주신 많은 분들께 깊이 감사드립니다. 특히 온몸으로 받은 혐오를 끌어안아 폭넓은 연대로 승화하고 계신 큐앤에이 대표 이동환 목사님, 꼼꼼하고 정성스레 교정 작업을 해 주신 이명은 님, 멋들어진 디자인으로 글에 생명력을 불어넣어 주신 서다은님, 단체 로고 제작을 위해 귀한 재능을 기부해 주신 버니미디어 대표 이종민님께 지면을 빌려 감사 인사를 드립니다. 《퀴어스레 신학하기: 한국 퀴어신학의 시작》이 한국 교회와 신학에 새로운 상상력과 희망을 불어넣는 작은 불씨가 되기를, 그리하여 더 많은 독자가 이 여정에 함께하기를 기대합니다.

2025년 10월
한국퀴어신학아카데미 교육위원장

강민휘

서문
****
교회, 차이, 그리고 신학적 연대

　한국 사회에서 차별금지법이 발의된 지 18년이 지났지만, 법 제정은 여전히 '사회적 합의'라는 이름 아래 기약 없이 유보되어 있다. 그 배경에는 보수 기독교 세력의 강한 반대가 존재한다. 실제로 성소수자를 축복했다는 이유만으로 목사들이 출교당하거나 징계를 받았고, 신학교 교수들은 자진 사퇴를 강요당했으며, 관련 강의는 사라지고 학생들은 퇴학 조치되거나 입학이 불허되는 사례가 이어졌다. 성소수자 이슈는 단순한 교회 내부의 논쟁을 넘어, 우파 정치의 주요 의제로 부상하여 사회적 혐오를 증폭시키는 정동정치의 장치로 작동하고 있다. 지난해 감리교단이 퀴어신학을 이단으로 규정한 사건은 이러한 긴장을 극명하게 보여 준다.

　이러한 현실 속에서, 《퀴어스럽게 신학하기》는 기존

신학이 포착하지 못한 성소수자의 삶과 경험을 신학적으로 담아내고자 기획되었다. 이 책의 글들은 2024년 진행된 한국퀴어신학아카데미의 정기 연구모임과 '퀴어, 신학을 리빌딩하다'라는 제목으로 열린 제2회 퀴어신학 콜로키움에서 발표된 글들을 수정, 보완한 것이다.

"퀴어도 이상한데 거기에 신학이라니"라며 이 책의 첫 글을 쓴 이우연은, 퀴어신학이라는 용어가 어떤 사람들에게는 낯설게 느껴질 수 있다고 말한다. 그러나 그는 이 책이 우리 모두의 행복을 위해 쓰였다고 강조한다. 먼저 이 책을 소개하면서, 퀴어와 신학에 대한 오해를 풀 필요가 있다. 사람들은 퀴어를 단순히 성소수자로 한정하고, 그들끼리만 소통하는 암호 언어로 계토화하려 한다. 그러나 퀴어는 근대 철학이 권력자들에게 부역했던 역사를 성찰하는 '차이의 철학'의 연장선상에 있는 학문이다.

르네 데카르트René Descartes는 인간이 수목樹木적으로 지식을 생산한다고 보았다. 이는 뿌리를 통해 정보를 끌어올려 지식이라는 열매를 맺는 방식이다. 그러나 이러한 지식 생산 방식은 당대 지식인 계층인 중산층 백인 남성의 관점에 의해 선택되고 선별된 것이며, 수많은 다른 목소리들은 침묵되고 억압되었다. 차이의 철학자 질 들뢰즈Gilles Deleuze는 이에 대한 대안으로 리좀rhizome 방식을 제안한다. 리좀은 줄기식 구조로, 뿌리가 아니라 어떤 가지든 땅과 접속하는 순간 새로운 양분을 받아 독립적이고 새로운 개체가 발생한다. 인간이 낯선 것을 경험할 때, 그것은 의식뿐 아니라 무의식에도 충격을 주어 새로운 생각과 상상을 가능하게 한다. 이 책에 실린 글들은 퀴어들의 새로운 경험과 만나 뿌리를 내리고, 새로운 지식을 확장하며 우리 모두를 위한 사유의 영역을 넓히고 있다. 퀴어는 오늘날 강조되는 차이와 다양성 확장의 선두 주자다.

  신학은 신앙과 다르다. 꽃을 사랑하는 것과 식물학을 연구하는 것이 다르듯 말이다. 그러나 꽃을 잘 기르기 위해 식물학이 필요하듯, 건강한 신앙을 위해선 신학이 필요하다. 신학은 인간과 신, 세계관, 죽음, 구원, 죄 등의 개념을 단순히 받아들이지 않고 끊임없이 질문하고 재정의한다. 새로운 공동체와 만날 때마다 신학은 변주되고 확장되었다. 남미신학, 흑인신학, 여성신학, 아시아신학, 퀴어신학은 이러한 신학적 확장의 결과다. 특히 몸과 섹슈얼리티에 기반한 퀴어신학의 등장은, 그에 대한 금욕과 절제를 미덕으로 삼아 신학적 논의를 외면해 온 기독교 전통 속에서 혁명적 전환으로 평가될 수 있다.

  제1장 〈퀴어신학을 여행하는 히치하이커를 위한 안내서〉를 통해 이우연은 퀴어신학의 기본 개념을 친절하게 소개하고, 퀴어신학의 발전 역사를 간략하게 정리한다. 또한 두더지처럼 촘촘하게 우리나라 퀴어신학의 흐름을 살피며 박근진, 고상균, 김준우, 이영미, 유연희 등 연구자들의 역할과 학문적 기여를 추적한다. 이처럼 그는 퀴어신학의 안내서를 제공함으로써 심화 연구를 위한 디딤돌을 놓았다. 이우연은 퀴어비평이 성적 실천과 젠더와의 관계를 강조하며, 문화적 맥락에 맞춰 읽는 과정에서 강요된 이성애를 폭로할 가능성을 열어 준다고 언급한다. 특히 퀴어비평은 사회적·문화적·정치적 문제를 급진적 시선으로 바라

보는 동시에 스스로를 특정 범주에 고정하지 않음으로써, 퀴어신학이 확고히 고정된 학문이 아니라 끊임없이 변화하고 다양한 해석을 열어 두는 학문임을 보여 준다.

제2장 〈"우리는 왜 슬플 때만 만나는가"〉에서 유영상은 장례식장에서만 서로의 안부를 묻게 되는 퀴어의 현실을 다룬다. 생존 자체가 투쟁이 되는 상황 속에서, 신자유주의 사회를 '포섭적 배제' 구조로 분석한다. 사회는 민중을 끊임없이 동원하면서도 내부적으로 우열을 나누고 약자를 배제하며, 개인을 자기-경영적 주체로 만들지만 이는 자유로운 선택이 아닌 환경 권력의 산물이다. 이러한 구조 속에서 혐오는 필연적으로 발생하며, 성소수자는 외부의 낙인과 내부의 자기 검열 속에서 심리적·신체적 고통을 겪는다. 결국 유영상은 민중신학이 생존과 투쟁의 맥락에서 재구성되어야 함을 주장하며, 성소수자의 삶과 투쟁이 바로 현대 민중신학의 중요한 주제로 자리해야 함을 설득력 있게 보여 준다.

제3장 〈육우당과 민중 메시아〉에서 이유정은 성소수자 청소년이자 시인이었던 육우당의 삶과 죽음을 민중신학 관점에서 성찰한다. 육우당은 전통 시가와 사회운동에 열정을 보였으나, 사회와 종교의 혐오와 차별 속에서 스스로 생을 마감했다. 그의 죽음은 구조적 폭력을 드러낸다. 이유정은 이를 통해 민중신학의 '민중 메시아' 개념을 확장한다. 고난받는 민중이 스스로 구원의 주체가 되는 민중 메시아론은, 육우당의 사례에서 단순한 이상적 구원이나 희생이 아니라 구조적 폭력 속 현실적 생존과 증언을 강조하는 의미로 재해석된다. 성소수자들의 현실에 대한 통계

와 사례는 육우당의 죽음이 개인적 선택이 아닌 사회적 조건의 결과임을 보여 주며, 민중신학이 증언하는 주체를 성소수자로 확장해야 함을 시사한다.

제4장 〈반차별 관점에서 본 신학의 재구성〉에서 황용연은 반차별 관점에서 성소수자의 신학적 위치를 재구성한다. 사도신경의 '성도의 교통'을 성소수자 그리스도인에게 적용하며, 혐오는 단순한 편견이 아니라 신앙 고백 자체를 부정하는 행위임을 보여 준다. 기존 구원 개념의 한계를 지적하는 한편, 성소수자의 삶은 개인 구원이 아닌 사회적 인정과 공동체적 책임과 연결되어야 함을 강조한다. 민중신학의 '민중 메시아론'처럼 성소수자도 고난 속에서 사회적 동요와 구원의 가능성을 증언한다. 황용연은 성소수자가 동정의 대상이 아니라 고난 속에서 구원과 신성을 증언하는 신학적 주체임을 보여 주며, 구원과 부활을 사회적·공동체적 차원에서 새롭게 읽도록 안내한다.

제5장 〈"왜 죄인들과 함께 먹습니까?"〉에서 정혜진은 2019년에 시작된 이동환 목사 출교 사건을 중심으로, 성소수자 환대와 교단 권력의 긴장을 분석한다. 정혜진은 독자에게 '대화적 성서 읽기'를 제안한다. 공관복음서의 논쟁 구조를 현대의 사건과 연계하며, 예수의 조건 없는 초대가 어떻게 사회적 배제와 편견을 넘어 하느님 나라의 확장으로 이어지는지를 보여 준다. 이동환 목사의 실천은 단순한 친화적 행위가 아니라, 성소수자를 위한 앨라이의 삶이자 차별받는 이들을 향한 하느님의 편파적 사랑을 현대적으로 실현하는 사건이다. 결국 이 글은 성소수자와 교단, 그리고 예수의 하느님 나라 운동을 재조명하며 신앙과

정의, 사랑과 환대가 어떻게 오늘날 한국 교회의 현실에서 충돌하고 조화될 수 있는지를 보여 주는 중요한 신학적 성찰이다.

제6장 〈퀴어 크리스천 상담 속에서 신학적 사고하기〉에서 박희규는 목회상담이 일반 심리상담과 달리 신학과 영성을 인간 경험의 핵심 요소로 포함한다고 설명한다. 특히 퀴어 크리스천 상담팀 '같이 걸을까'의 상담 사례는 현대 한국 교회와 성소수자 신앙 공동체가 겪는 긴장과 고민을 잘 보여 준다. 상담팀은 주로 시스젠더 이성애자 상담사로 구성되어 있음에도 내담자의 경험을 상호문화적 관점에서 존중하며 신학적 질문에 집중한다. 상담사들이 접하는 가장 흔하고 무거운 질문은 "동성애는 죄인가요?"다. 박희규의 글은 이 질문이 단순한 윤리적 판단이 아니라 신학적, 심리적, 관계적 층위가 복합적으로 얽혀 있음을 보여 준다. 상담사는 즉답을 피하고, 내담자가 자신의 신앙과 삶을 탐색할 수 있도록 깊이 있는 대화를 유도한다. 특히 박희규는 '밴 신학'과 '낸 신학'이라는 개념을 통해 신학이 삶 속에서 체화되고 동시에 경험과 위기 속에서 재구성될 수 있음을 강조한다.

제7장 〈차이, 다양성, 그리고 이성애 특권〉에서 최형미는 한국 교회에서 최근 부각된 동성애 논쟁을 출발점으로 삼아, 교회 공동체 분열과 성소수자 차별 문제를 극복하기 위해 '특권운동'을 소개한다. 이제까지 인권운동은 주로 억압당하는 정치적 소수자들의 결집으로 이루어진 정체성의 정치학이었다. 이 글은 교회 내부의 갈등을 넘어 특권의 자각과 차이의 인정을 통해 신앙과 사회 정의가 교

차하는 지점을 성찰한다. 특권을 개인적 깨달음에 그치지 않고 사회 변화를 위한 실천으로 전환할 것을 촉구하며, 신학과 사회운동을 잇는 중요한 통찰을 제공한다.

《퀴어스레 신학하기: 한국 퀴어신학의 시작》은 단순히 성소수자의 권리를 옹호하는 신학적 시도를 넘어, 한국 교회와 사회 전체를 향해 신학이 무엇을 할 수 있는지 근본적인 질문을 던진다. 이 책의 글들은 각기 다른 주제와 맥락을 다루지만, 공통적으로 신학이 고정된 교리나 제도 안에 머무르지 않고 차이와 다양성의 현장에서 새롭게 생성되는 지혜임을 증언한다.

여기서 퀴어는 단지 성소수자의 정체성에 국한되지 않는다. 그것은 억압된 자리에서 질문하고, 낯선 경험과 마주하며, 기존의 지식을 전복적으로 다시 쓰는 방식을 의미한다. 퀴어신학은 우리 안에 이미 존재하지만 억압되었던 목소리를 드러내고, 신학적 사유를 리좀처럼 확장해 나간다.

또한 이 책은 성소수자 그리스도인의 고통과 투쟁을 교회와 신학의 변혁적 자원으로 전환한다. 육우당의 죽음, 이동환 목사의 출교, 퀴어 크리스천 상담 현장, 특권 자각의 실천까지, 각 장은 성소수자들이 단순히 동정과 수용의 대상이 아니라 구원과 부활, 환대와 정의를 증언하는 주체임을 힘 있게 보여 준다.

결국 이 책은 우리에게 묻는다. 교회는 여전히 닫힌 울타리 안에 머물 것인가, 아니면 차이와 다양성이 만들어 내는 낯선 진실 앞에 스스로를 개방할 것인가? 성소수자의 이야기는 곧 우리 모두의 이야기이며, 그들의 신학은 우리의 신학이 될 수 있다. 《퀴어스레 신학하기: 한국 퀴어신학의 시작》은 차이 속에서 가능해지는 연대의 길, 신학의 새로운 지평을 보여 주는 중요한 이정표다.

한국퀴어신학아카데미 회장
최형미

***
/
차례

4		추천사 · 발간사 · 서문
24	이우연	퀴어신학을 여행하는 히치하이커를 위한 안내서
64	유영상	"우리는 왜 슬플 때만 만나는가" : 생존과 부활 가운데서 교차하는 민중신학과 퀴어링
98	이유정	육우당과 민중 메시아
118	황용연	반차별 관점에서 본 신학의 재구성
142	정혜진	"왜 죄인들과 함께 먹습니까?" : 감리교단의 이동환 목사 출교를 보며 예수를 다시 생각하다
176	박희규	퀴어 크리스천 상담 속에서 신학적 사고하기
202	최형미	차이, 다양성 그리고 이성애 특권

01
퀴어신학을 여행하는 히치하이커를 위한 안내서

*
이우연
(섬돌향린교회)

> "난 이제 늙고 지쳐서 인생의 참 의미를 알아낼 가능성은 매우 희박해요. 그래서…. 현명해지기보다는 행복해지고 싶어요."
> ―영화 〈은하수를 여행하는 히치하이커를 위한 안내서〉 행성 제작자의 말

이 글을 읽는 당신은 아마도 고통 속에 살고 있을지 모른다. '퀴어queer'도 괴이한데 거기에 '신학'까지 붙은, 퀴어신학queer theology에 관심을 가지는 당신이니 말이다. 우리가 반복해서 겪고 있는 고통을 나열하자면 이렇다. 2016년 기독교대한감리회는 "음주, 흡연, 마약법 위반, 도박 및 동성애를 찬성하거나 동조하는 행위를 하였을 때 (…) 정직, 면직 또는 출교에 처한다"라고 교단법에 명시했다.[01] 이 법에 의거해 감리회 총회재판위원회는 2018년 제2회 인천퀴어문화축제에서 축복 예식을 진행했다는 이유로 영광제일교회 이동환 목사를 연회 재판에 회부했고, 2022년 정직 2년을 최종 확정했다.[02] 결국 이동환 목사는 지난한 과정을 거쳐 2024년 3월 4일 출교되었다.[03] 2024년에

는 감리회 소속 목회자들이 서울퀴어문화축제에서 열린 축복식에 참여했다는 이유로 연달아 징계를 받았다. 한국기독교장로회소속 섬돌향린교회 임보라 목사는 퀴어성서 주석 번역 및 성소수자 사역을 이유로, 2017년 이래로 8여 개 교단에서 이단 혹은 이단성이 있다고 낙인찍혔다.[04] 임보라 목사는 2023년 2월 세상을 떠났다.[05] 한편 대한예수교장로회는 2017년 통합총회와 2019년 합동총회에서 "동성애자 및 지지자의 신학교 입학 불허 및 퇴학"을 명시했다. 퀴어신학을 논의한 신학자 중 일부는 교수직에서 자진 사임을 당하거나 출교 처분을 당했다.[06] 우리가 다니는 교회에서 우리는 혐오 설교에 일방적으로 노출된다. 고통 속에 살고 있는 우리가, 퀴어신학을 히치하이킹하려는 이유는, 조금이나마 더 행복해지고 싶은 바람에서다.

1. 퀴어, 우리는 '우리'일까?

앞에서 내가 사용한 '우리'라는 단어를 읽고 분명 어떤 이는 나와 너는 '우리'가 아니라고 반박할 것이다. 맞는 말이다. 우리는 우리가 아니기도 하고 우리이기도 하다. 무슨 소리인가 싶겠지만, 퀴어신학 자체가 원래 그렇다. 지금부터 천천히 살펴보자.

퀴어의 원래 의미 중 하나는 '기묘한strange' 또는 '이상한odd'이다.[07] 처음에 퀴어는 동성애자를 혐오하는 멸칭으로 사용되었다. 그러나 퀴어들이 스스로를 '퀴어'라고 부르면서 더는 욕이 아니게 되었다. 요즘 성소수자들은 퀴어라는 단어를 오히려 자긍심pride으로 연결시킨다. 한편 퀴어는 섹스sex, 젠더gender, 섹슈얼리티sexuality에 있어 비규범적 정체성을 가진 사람을 지칭하는 데 사용되기도 한다. 퀴어신학에는 많은 용어들이 나오는데, 이를 알아야 퀴어신학을 이해할 수 있다. 문제는 이 용어들이 참으로 다양하게 해석된다는 점이다.

나의 해석은 이렇다. 섹스는 생물학적으로 사람을 남성과 여성의 두 성으로 나눌 수 있다는 생각 체계다. 젠더는 내가 스스로를 어떤 성으로 느끼는지를 나타내는 '젠더 정체성'과 내가 어떤 젠더를 표현하고 싶은지에 따라 '젠더 표현'을 뜻한다. 섹슈얼리티는 더 복잡한데, 내가 어떤 사람을 사랑하고 성관계를 가지고 싶어 하는지를 나타낸다. 예를 들어 패트릭 쳉은 생물학적 섹스는 남성이고, 젠더 정체성과 젠더표현은 남성이며, 섹슈얼리티는 남성을 사랑한다. 쳉은 남성으로서 남성을 사랑하는 '시스젠더 게이 남성'이다. 이 글을 읽는 독자들도 섹스, 젠더, 섹슈얼리티에 따라 자신을 한번 돌아보자.

퀴어의 의미를 구체화한 패트릭 쳉Patrick S. Cheng은 중국계 미국인이자 변호사, 신학자, 목사, 그리고 게이 남성이다. 퀴어신학자 패트릭 쳉은 퀴어의 의미를 크게 세 가지로 정교화했다. 첫째는 포괄적 용어로서의 퀴어다. 둘째는 규범을 거스르는 행위로서의 퀴어다. 셋째는 경계선을 지우는 것으로서의 퀴어다.[08]

포괄적인 용어로서의 퀴어는 성소수자를 의미한다. 우리가 흔히 말하는 LGBT+(레즈비언, 게이, 바이섹슈얼, 트랜스젠더 및 기타 성소수자)를 생각하면 된다. 성소수자는 한국 사회에서 약속된 성적 규범, 즉 이성애 규범에 어긋나는 사람들이다. 이성애 규범을 풀어서 말하자면 이렇다. 남성/

여성으로 태어나, 스스로를 남성/여성으로 여기고, 남성성/여성성을 수행하며, 여성/남성을 사랑하고 또 성관계를 맺으며 살아가는 것. 이성애 규범적 섹스에 해당하지 않는 인터섹스intersex, 이성애 규범적 젠더에 해당하지 않는 트랜스젠더transgender, 이성애 규범적 섹슈얼리티에 속하지 않는 게이gay와 레즈비언lesbian과 바이섹슈얼bisexual 등이 있다.

    규범을 거스르는 행위로서의 퀴어는 '퀴어링queering'과 연관된다. 퀴어링이란 내 스마트폰 무제한 데이터에 다른 여러 전자기기를 연결시켜 테더링tethering하듯이, 이성애 규범에 거스르거나 반대하는 모든 것을 자긍심을 가지고 끌어안고 연결하는 것을 뜻한다. 퀴어링은 퀴어의 눈으로 세상을 비춘다. 잃어버린 목소리와 자료들을 되찾아온다. 일례로 역사연구자 김대현은 게이들이 왜 스스로를 '보갈'이라고 칭하면서 남자를 못 만나면 "오늘 안 팔렸어"라고 말하는지를 다음과 같이 분석했다. 1960년대에 서울 종로3가 낙원동 뒷골목은 성판매 여성들의 집결지였다. 당시 '갈보'라고 불렸던 성판매 여성들이 떠난 자리에 게이들이 터를 잡았고(지금은 신림으로 많이 떠났다), 그렇게 낙원동은 한국 게이들의 게토이자 낙원이 되었다.

    경계선을 지우는 것으로서의 퀴어는 섹스, 젠더, 섹슈얼리티에 대한 이분법을 지우고 해체하는 시도와 연결된다. 퀴어이론의 영향으로 섹스, 젠더, 섹슈얼리티를 사회적 구성물로 받아들이며 남성-여성, 남성성-여성성, 이성애-동성애 같은 이분법적 범주를 무너트리고 경계선을 지우고자 한다. 경계선을 지우는 것으로서의 퀴어는 섹스, 젠더, 섹슈얼리티 개념을 누가 만들었고 왜 강조하는지를 묻는다. 그 누구도 이성애 규범에 도달할 수 없다고 여긴다. 그렇다면 성소수자도, 앨라이ally(차별 당사자는 아니지만 성소수자 인권을 지지하고 연대하는 사람들)도, 동성애 반대운동을 하는 사람도 사실은 다 퀴어이지 않을까.

우리는 퀴어이기도 하고, 퀴어가 아니기도 하다.

2. 퀴어신학, '퀴어'로서 하느님에 대해 말하다

신학은 하느님에 대해 말하는 학문이고, 퀴어신학도 마찬가지다. 이에 한국의 일부 보수 개신교인들은 퀴어신학을 신성모독이라 생각한다. "어떻게 호모가 하느님을 운운하느냐"면서 말이다. 그들이 뭐라고 말하든 간에 퀴어신학은 성소수자에 의한 신학이자 성소수자를 위한 신학이다. 쳉은 퀴어신학과 퀴어의 경험을 활용하여 하느님에 대해 말함으로써 사람들에게 충격을 주고 신학을 새롭게 볼 수 있도록 도와야 한다고 주장했다.[09] 다만 애석하게도 한국에서는 퀴어신학이 아직까지는 충격만 준 것 같다.

퀴어신학은 퀴어이론에 뿌리를 둔다. 사회적으로 구성된 섹스, 젠더, 섹슈얼리티 규범을 비판하는 신학이다. 성서 본문이 오늘날 지금 이 자리에 살아가는 우리와는 매우 다른 젠더, 성적 실천, 친족에 관한 생각을 포함하는 역사적 맥락에서 기록되었다고 본다. 물론 성서와 당시 시대상에 대한 역사적 해석, 페미니스트적 해석, 사회과학적 해석도 이 점을 지적한다. 그러나 퀴어신학은 이러한 해석을 넘어 이성애 규범성의 근거로 성서를 사용하는 것을 '문제시trouble'한다. 의도적으로 성서를 읽는다. 일부 보수 교회에서 룻기를 시어머니와 며느리의 효도 관계로 읽고 있는데, 심지어 성서를 성소수자 혐오의 근거로 읽어 내는 상황인데 왜 퀴어신학은 퀴어로서 일부러 트러블을 일으키면 안 되느냐는 뜻이다. 술람미 여인의 젠더표현, 요나단과 다윗 커플, 룻과 나오미 커플, 창조 당시의 성별이 나뉘지 않은 흙사람 등을 의도적으로 읽고, 그 결과로서 '바이블 트러블'을 일으킨다. 이러한 유형의 퀴어신학에서는 성서의 특정 독자로서의 퀴어 공동체에는 강조점이 덜 놓이고, 성서 본문의 어떤 부분이 퀴어하게 읽힐 수 있다는 사실에 강조점이 더 놓인다.

3. 스타일 혹은 감수성으로서의 퀴어비평

퀴어비평을 역사비평이나 편집비평과 같은 방법론이라고 부르는 것은 정확하지 않다. 퀴어비평을 아무리 공부해도 그것이 하나의 결론으로 모아지지 않는다. 퀴어비평은 해석 스타일 혹은 해석 감수성으로 보는 편이 더 적절하다.[10] 퀴어이론, 포스트모더니즘을 포함하는 새로운 사상적 조류들은 무언가를 정의하려는 시도가 곧 권력이고 폭력이 될 수 있다고 말한다. 그럼에도 퀴어비평이 어떤 스타일 혹은 감수성인지를 알아야 첫 걸음을 내딛을 수 있다. 시카고신학대학원의 켄 스톤 Ken Stone 교수가 정리한 퀴어비평의 여섯 가지 특징을 살펴보자.

1. 퀴어비평은 성적인 실천과 젠더에, 종종 서로와 연관하여 주의를 기울인다.
2. 퀴어비평은 섹스, 젠더, 친족과 관련된 의미와 관습이

문화와 역사에 따라 달라지며 또는 단일 문화 내에서도 크게 다르다는 사실을 강조한다. 섹스, 젠더, 섹슈얼리티의 의미와 관습은 고정된 것이 아니라 사회적 구성물이다. 가령 퀴어비평에서는 친족의 사례를 이삭처럼 자매와 결혼한 경우나 한 남성이 여러 배우자와 결혼한 경우에서 찾는다.

3 퀴어비평은 퀴어이론에 영향을 받아 이분법의 불안정성을 말한다. 남성-여성, 남성성-여성성, 이성애-동성애로 나눌 수 없는 성서 본문을 읽고 해석한다. 창세기의 흙사람, 아가의 술람미 여인, 사무엘서의 다윗과 요나단의 사랑 등이 그 예이다.

4 퀴어비평은 현대 서구의 이성애 규범성이 사람들에게 강요되고 있다고 본다. 이 규범에 도달하지 못하는 사람들은 소외되고 차별받는다.

5 퀴어비평은 이성애 규범성을 약화시키기 위해, 이성애 규범성에 들어맞지 않는 문화 현상과 실천, 개인의 사례에 초점을 둔다. 성서에 등장하는 인물 중 그 누구도 이성애 규범성에 도달하기는 힘들다. '원본 없는 판타지'일 뿐이다. 가령 창세기의 아브라함은 롯과 비교해 상대적 남성성을 획득하지만, 나이를 먹은 이후의 가부장 아브라함은 사라가 비웃을 정도로 남성성이 줄어든다.

6 퀴어비평은 교차성을 띤다. 섹스, 젠더, 친족에 대한 규범에 관심을 가질 뿐 아니라 국가, 민족, 인종, 종교 등 다른 규범을 폭넓게 살펴 성서를 해석하고 연구한다. 가령 롯의 딸들이 술 취한 롯과 성관계를 맺는 성서 본문을 살펴보자. 퀴어비평은 이를 당시 고대 근동 지역에서 이

스라엘 민족과 정치적, 종교적 갈등을 빚었던 모압 족속와 암몬 족속을 모욕하기 위한 의도로 편집되었다고 해석한다. 술에 취한 롯은 수동적으로 묘사되고 남성성을 잃는다. 그와 대비되어 상대적으로 남성성을 얻은 롯의 딸들은 남성성도 여성성도 아닌 그 사이 어딘가의 젠더를 지닌다. 성서가 쓰인 당시의 사람들은 롯과 롯의 딸들이 처한 상황 자체를 모욕으로 읽었을 것이다. 성서에 따르면, 롯의 딸들이 낳은 아들들은 모압인과 암몬인의 조상이다.

4. 미국 퀴어신학의 발전

1970년대에 우리나라에서는 미제 분유가 인기였다. 지금은 미제 퀴어신학의 인기가 뜨겁다. 미국 퀴어신학은 변증신학, 해방신학, 관계신학, 퀴어신학의 네 가지 갈래로 나뉘어 발전했다.[11] 각각의 신학은 서로를 밀어내지 않는다. 변증신학은 성소수자 기독교인이 괴물이 아니라 성소수자이면서 그리스도인임을 밝힌다. 해방신학은 퀴어를 교회 공동체의 일원으로 인정하는 것을 넘어 이성애주의와 동성애 혐오라는 억압으로부터 해방시키는 것이 복음의 핵심이라 말한다. 관계신학은 타인과의 상호 관계 속에 하느님이 계신다고 본다. 퀴어신학은 이성애 규범성을 깨뜨리는 데 집중한다.[12]

퀴어신학의 첫 시작은 변증신학부터다. 주로 게이/레즈비언 성직자들이 퀴어로서 교회 공동체에 편입되기 위해 변증신학을 말했다. 변증신학자들은 게이/레즈비언들이 자신의 섹슈얼리티를 바꾸거나 숨기지 않고도 신앙 깊은 기독교인이 될 수 있음을 보여 주고자 했고, 이에 더해 게이/레즈비언을 교회 구성원으로 받아들일 방법을 제시하고자 했다. 1955년 영국 성공회 사제 데릭 셔윈 베일리Derrick Sherwin Bailey는 《동성애와 서구 그리스도교 전통》을 썼다. 베일리는 동성애에 대한 그리스도교 전통이 잘못되었다고 보았다. 또한 동성애 상태가 타고난 것이고, 바꿀 수 없는 명백한 조건이자 가치중립적이라고 말했다. 1968년 게이라는 이유로 오순절 교단에서 쫓겨난 트로이 페리Troy Perry 목사는 미국 캘리포니아 남부의 자택 거실에서 12인의 동료들과 메트로폴리탄 공동체교회Metropolitan Community Churches, MCC를 설립했다. 메트로폴리탄 공동체교회는 오늘날 30개 국가에서 성소수자들과 그 지지자들을 대상으로 목회하는 교단으로 성장했다. 서울 이태원에도 한때 메트로폴리탄 교회가 있었으나 지금은 운영되지 않는다.

  1960년대 후반 퀴어신학은 해방신학에 영향을 받았다. 해방신학에서는 하느님이 가난한 자들과 억압받는 자들을 우선 선택하셨다고 주장했다. 이에 퀴어신학은 퀴어를 '억압받는 사람'으로 보았다. 1974년 샐리 기어하트Sally Miller Gearhart와 윌리엄 존슨William R. Johnson은 《여자 사랑하기/남자 사랑하기: 동성애자 해방과 교회》라는 문집을 통해 교회 내의 레즈비언과 게이 해방을 주장했다. 교회가 동성애 관계를 긍정하고, 동성애자를 교회 지도자로 선출하길 원했다. 동성애자가 자신의 성 정체성을 숨기지 않고 신학교에 들어가고, 동성애 관계의 정당성을 반영할 수 있는 신학이 나오기를 기대했다. 1960년대부터 1990년대까지 해방신학에 영향을 받은 퀴어신학은 복음과 그리스도교 신앙이 이성애주의와 동성애 혐오로부터 퀴어들을 해방시키기를 원했다는 것이다.

관계신학은 여성주의적 신학적 성찰의 중요성에 대해 침묵했던 게이 남성 신학에 대한 레즈비언 신학자들의 반응으로 발전했다. 관계신학은 동성애자들이 교회 공동체에 소속되는 문제나 해방 등의 주제에 관심을 보이는 대신, 타인과 맺는 상호 관계 속에서 하느님을 찾는 데 집중했다. 하느님이 성별이나 젠더와 무관하지 않으며, 젠더적이고 에로틱한 특수한 관계에 함께 계신다고 보았다. 1990년대 이후로는 게이 남성 신학자들과 윤리학자들도 관계신학에 영향을 받았다. 1980년대에 에이즈AIDS(후천성 면역결핍증)가 유행했을 때 이들은 관계의 측면에서 경험을 해석했다.

한편 퀴어신학은 퀴어이론에서 많은 영향을 받았다. 미셸 푸코Michel Foucault, 주디스 버틀러Judith Butler, 이브 코소프스키 세즈윅Eve Kosofsky Sedgwick 같은 퀴어이론가들의 이론 작업에 기초하여 섹스, 젠더, 섹슈얼리티가 사회적 구성물이며 유동적이라고 설명했다. 퀴어이론을 바탕으로 한 퀴어비평에 이르러서야 트랜스젠더 담론과 양성애 담론이 본격적으로 등장했고, 이분법적 이성애 규범 안에서는 보이지 않았던 부분들을 비추게 되었다.

퀴어이론을 바탕으로 한 최근의 퀴어신학은 교차성에 집중한다. 섹슈얼리티와 젠더뿐 아니라 인종, 계급, 장애를 포함한 다른 여러 요인들이 어떻게 섞이고 교차하는지를 살펴보는 것이다. 패트릭 쳉은 《무지개신학》에서 섹슈얼리티와 인종이 다층적으로 교차된 삶에 관심을 기울였다. 일례로 한국계 미국인 게이 남성은 게이 데이트 앱에서 파트너를 구할 때 "아시아계 남자는 제외"라는 차별을 받을 뿐 아니라, 한인 교회에서 게이라는 사실이 밝혀지면 그동안 쌓아 올린 삶 전체가 무너질지 모른다는 두려움을 가진다.[13] 그러나 한편으로 쳉은 부유한 환경에서 자란 변호사 출신이라는 배경을 가졌기에 가난과 계급에 대해서는 잘 알지 못한다는 한계를 보인다. 한 사람 안에서도 성소수자, 여성, 장애인, 유색인종, 가난을 포함한 온갖 소수자성이 교차하므로 우리는 하나의 단일한 소수자 정체성으로 묶일 수 없다. 퀴어이론을 받아들인 퀴어신학은 '나와 당신이 같은 부류의 소수자라도 내가 당신을 온전히 알 수는 없다'는 사실을 겸손히 인정한다.

5. 우리나라 퀴어신학의 흐름

한국의 퀴어신학은 2010년대 후반의 어느 날에 갑자기 등장한 게 아니다. 2000년대 초부터 형성되어 온 나름 뿌리 깊은 나무로서 동성애 인식기, 변증 반응기, 변증 시기를 넘어 지금에 이르고 있다. 그 흐름들을 천천히 따라가 보자.

동성애 인식기

미국 퀴어신학은 변증신학으로 시작되었다. 우리나라도 마찬가지다. "게이는 다 좋다(Gay is good!)"라는 미국 변증신학의 구호가 보여 주듯이, 초기 한국 퀴어신학 역시 주로 동성애자와 게이로 구성된 퀴어들이 자신의 섹슈얼리티를 긍정하고 교회 공동체의 일원이 되기를 바라면서 형성되었다. 다만 국내에서는 사회문화적 환경의 영향으로 성소수자 당사자가 아닌 비퀴어 신학자들이 먼저 인권 측면에서 변증신학을 시작했다.

박근진은 2004년 성공회대학교 NGO대학원 석사학위 논문에서 국내 최초의 퀴어신학이라 할 수 있는 주제를 다루었다. 이 논문을 쓰기 위해 박근진은 한국에서 가장 오래된 성소수자 중심 교회인 로뎀나무그늘교회(1996년 설립)에 10개월 동안 출석했다. 그의 논문은 동성애에 대한 이론적 배경, 성서적 해석, 로뎀나무그늘교회 교인들의 경험을 바탕으로 한 동성애 정체성 형성을 중심으로 구성되었다.[14]

박근진은 동성애를 사회적 구성물로 바라본다. 동성애자는 어느 시대에나 존재해 왔으나 사회적 조건, 역사적 조건, 규율 체계에 따라 달리 평가받는다고 말한다. 또한 동성애 정체성 형성을 선천적인 것으로 여기는 관점이 동성애자를 시혜적으로 바라보게 만든다고 지적한다. 이는 실제로 현재까지 통합 교단 등에서 "죄는 미워하되 사람은 미워하지 말라"고 외치는 근거이기도 하다. 박근진의 예측대로 성소수자를 비성소수자와 동등한 교인으로 생각하지 못하게 하는 데 영향을 미친 것이다.

한편 박근진은 논문에서 동성애자 이외의 다른 성소수자들을 인식하는 듯 보이기는 하나, 시대적 한계로 인해 퀴어를 동성애자로 한정한 것으로 추정된다. 박근진은 이성애 규범성을 강요하는 현실 자체를 비판한다. 그는 "한국 교회는 성 정체성을 본질적으로 고정되어 있다고 보고, 하느님의 섭리라고 보는 입장을 뛰어넘어 이성애 이외의 성을 부정하는 입장을 포기하여야 한다"고 말한다.[15]

박근진은 기독교 공동체의 동성애 차별이 성서 해석과 밀접하게 연결되어 있다고 본다. 한국 교회는 '근본주의' 성서 해석을 하고 있으며, 역사비평을 포함해 성서의 시대와 상황을 읽는 성서 해석을 하고 있지 않다는 지적이다. 근본주의 성서 해석이 성서를 통해 있는 그대로 하느님의 진리를 드러낸다고 말하지만, 실은 특정한 이데올로기에 의해 형성되었음을 짚어 낸다.

박근진은 동성애자를 혐오하는 근거가 되는 '폭력의 본문들texts of terror' 중 히브리성서의 두 부분을 다음과 같이 해석한다. 먼저 창세기 19:1-11의 소돔과 고모라 이야기는 '동성애' 때문에 소돔과 고모라가 멸망한 것이 아니라 '환대'를 하지 않은 악함으로 멸망했다고 본다. 이방인들을 동성 성폭행함으로써 모욕을 주고 학대하려 한 죄, 나그네들을 욕보이고 가난한 사람을 냉대한 죄다. 사사기 19:1-30, 에스겔 16:49-50, 누가복음 10:10-13을 그 근거로 삼는다. 이어 박근진은 레위기 18:22를 '정결법'과 연결해 재해석한다. 당시 이스라엘에서 남자와 남자가 성관계를 가지는 것은, 남성성 역할과 여성성 역할을 섞는다는 점에서 문제시되었다. 또한 성서의 세계 안에서는 가나안 민족이 동성 성관계를 통해 제의를 지냈다고 보기 때문에, 이들을 다른 민족과 구별하기 위해 동성 성관계를 정죄했다. 박근진은 당시 이스라엘의 남성 동성 성관계에 대한 인식이 현대의 동성애 관계에 놓인 사람들과는 무관하다고 말한다. 성서는 현대적 개념의 동성애와 동성애자에 대해서는 말하지 않는다.

박근진은 동성애에 관한 이론적 배경을 밝힌 후에 로

뎀나무그늘교회 교인들의 경험에 집중한다. 먼저 교인들의 인터뷰를 통해 동성애 형성 과정을 설명한다. 동성애 발달 과정은 '감지 단계-의미화 단계-커밍아웃 단계' 순으로 진행된다.[16] 자신이 이성애 규범성에 부합하지 않음을 감지하고, 그 사실에 공포를 느끼며 성 정체성을 의미화한다. 이 시기를 지나서는 다른 동성애자를 만나고 교류하며 스스로를 인정하게 되고 자기 자신에게 커밍아웃한다. 동성애 경험을 긍정하고, 죄의식과 자기혐오에서 벗어난다.

동성애자 개신교인들은 자신의 섹슈얼리티와 자신을 부정하는 교회의 신앙생활 사이에서 동성애 정체성 형성에 부정적인 영향을 받는다.[17] 로뎀나무그늘교회 교인들은 이성애 규범 속에서 동성을 좋아한다는 게 자신의 성적 지향을 의심하게 만드는 계기가 되었다고 말한다(의심 단계). 인터뷰에 참여한 게이들은 성적 호기심으로 자신의 성적 지향을 알게 되었고, 박근진은 이를 "자기인식의 부재"라고 표현한다.[18]

로뎀나무그늘교회 동성애자들은 자신이 동성애자라는 사실을 의미화하면서 극도의 혼돈과 좌절을 느낀다.[19] 한국 사회는 이성애 규범성이 강한 사회이고, 동성애를 혐오하기 때문이다. 1990년대 초반에 공중파 시사 프로그램 등에서 동성애를 '음지 문화'로 소개한 영향으로 게이들은 그들이 나누는 사랑과 성관계를 부정적인 이미지로 받아들이게 되었다. 특히 개신교인이면서 동성애자임을 인정하는 데 큰 어려움을 겪었다. 로뎀나무그늘교회 교인들은 동성애를 에이즈, 타락, 죄인과 연관시키는 말을 예전에 다녔던 교회에서 자주 들었다고 한다.[20] 성 정체성을 바꿔달라는 기도는 체념으로 바뀌고, 자살을 시도하기도 한다.

로뎀나무그늘교회 동성애자들은 하위문화나 인권단체를 통해 다른 동성애자들을 만났고, 스스로에게 커밍아웃했다. 로뎀나무그늘교회는 동성애자들에게 신앙적 지지를 보내고, 그들이 신앙을 상실하지 않도록 돕는 역할을 담당한다. 로뎀나무그늘교회 교인들은 그들이 오래 다닌 교회와 가정에서 커밍아웃하기를 대부분 망설였다. 인터뷰에 응한 이들 가운데 교회 혹은 가정에서 커밍아웃한 사람들은 쫓겨나거나 폭행을 당한 경우가 많았다. 동성애자들은 존재하지만 존재하지 않는 기독교인, 존재를 부정당하는 기독교인으로 규정되고 만들어진다.[21]

당시 로뎀나무그늘교회 교인들이 가진 신앙은 현재 한국 교회의 보수적 신앙관과 별반 다르지 않았다. 그들은 생식 없는 성에 부정적이었고, 자기만족만을 위한 성을 '동성연애'로 부르며 정죄했다. 게이 연인과의 성관계를 스스로 수용했다고 해도, '원나잇'을 포함해 상호 합의 하에 이루어진 일회성 성관계에는 극히 부정적이었다. 그들은 자신의 정체성과는 별개로 이성애 규범을 따랐고 스스로 주변인이 되었다. 이성애자들 사이에서는 동성애자로서 주변인이 되었고, 동성애자들 사이에서는 이성애 규범성과 기독교 신앙에 근거해 스스로를 주변인에 위치시켰다. 로뎀나무그늘교회는 성소수자 개인의 정체성과 신앙의 정체성을 연결해 주는 역할을 했다. 교인들은 사회가 요구하는 시스젠더 이성애자 연기를 로뎀나무그늘교회 안에서는 잠시나마 멈추고 자기 자신으로 살 수 있었다.[22]

퀴어신학의 포문을 연 박근진의 논문은 시대를 앞서 갔다. 게이가 주축이 되는 성소수자 교회에 출석하며 논문에 퀴어들의 실제 경험을 넣었고, 2000년대 초반 개신교 퀴어들의 고통과 아픔의 경험을 구체적으로 드러냈다. 미국 퀴어신학자의 의견을 인용해 동성애가 선·후천성과 관계없이 가치중립적 문제라고 밝힌 점도 인상적이다. 다만 교인 대부분이 게이인 교회를 중심으로 인터뷰를 진행했기에 다른 비게이 퀴어의 경험은 한정적이다.

박근진 이후 퀴어신학은 고상균으로 이어진다. 고상균은 군 간부로 복무하던 시절 성소수자 군인을 부하로 만났고, 이 경험은 그가 퀴어들과 연대하는 데 영향을 주었다. 고상균은 2007년 한신대학교 신학전문대학원에서 〈민중 신학적 관점에서 바라본 동성애〉라는 제목으로 석사학위 논문을 냈다. 논문의 구성은 시대적 상황을 차치하고도 세밀하다. 우선 동성애에 관한 생물학, 윤리학, 심리학, 정신의학, 전통적 기독교 입장을 살핀다. 동성애가 어떻게 형성되었는가를 선천적, 후천적, 복합적 상호작용으로 나누어 들여다본다. 고상균은 동성애는 대체적으로 성적 지향과 같이 선천적으로 결정된다고 본다. 동성애가 후천적으로 결정된다고 하면, 전환치료의 근거가 되는 경우가 있어 선천성을 강조한 것으로 보인다. 윤리학적으로 제러미 벤담Jeremy Bentham의 동성애 긍정론, 지크문트 프로이트Sigmund Freud의 동성애 비질병화, 세계정신의학협회의 동성애 완전한 비질병화, 전통적 입장에서 죄악의 상징이자 기독교 규범을 거스르는 동성애를 설명한다.[23]

이어 고상균은 퀴어비평에서 폭력의 본문들 중 일부를 민중신학적으로 재해석한다. 창세기 1~2장의 창조 설화, 창세기 19장의 소돔과 고모라, 레위기 18:22와

20:13, 로마서 1장, 고린도전서 6장, 디모데전서 1장을 중심으로 들여다본다.[24] 지금도 퀴어신학계에서 활동하고 있는 켄 스톤 교수의 주장을 포함하여, 역사비평뿐 아니라 수사비평 등 다양한 비평 방법으로 폭력의 본문들을 논박한다.

고상균은 동성애자를 고통받지만 자기초월의 영성을 지닌 '민중'으로 보았다. 이러한 인식은 퀴어신학과 민중신학을 연결시켰다. 고상균이 동성애자를 민중으로 해석한 이후, 이유정과 유영상을 포함해 퀴어신학과 민중신학을 접목하고자 하는 연구가 뒤따랐다. 다만, 고상균의 논문에서 퀴어 경험과 퀴어 주체성은 잘 보이지 않는다는 점은 아쉬운 부분이다.

변증 반응기

2010년대 중·후반기에 한국 교회는 퀴어와 앨라이를 본격적으로 탄압했다. 퀴어와 관련된 교인, 신학생, 목사, 교수 모두 직접적으로 징계당하고 낙인찍혔다. 교회정치의 수단으로서 '퀴어 이슈'가 전면으로 등장한 것이다. 반동성애 운동 스스로 운동의 성격을 "교회 위기를 극복하려는 영적 각성 운동"이자 "교회 개혁 운동"으로 인식했다. 이에 퀴어와 관련 교회 내의 공론장을 파괴하고, 차별과 폭력을 정당화했다.[25]

이러한 상황에서 소수의 신학자들이 동성애자로 대표되는 퀴어를 적극적으로 변증하기 시작했다. 변증의 내용을 요약하면 이렇다. "동성애자는 교회의 한 명의 신앙인이고, 성서에서 동성애를 정죄하지 않는다." 말하는 이는 신학자고, 듣는 이는 한국 교회 대중이다. 박경미, 김근주, 허호익, 김진호 등의 일부 신학자가 2018년부터 2022년까지 약 5년간 관련 저서를 출간했다. 여기에서는 박경미, 김근주, 김진호를 중심으로 변증 반응기를 살펴보고자 한다.

박경미는 먼저 성소수자에 대한 오해와 진실에 관해 말한다.[26] 박경미는 성소수자가 교회에서 괴물이 되어 버린 현실에 성서신학자로서 부끄러움과 책임감을 느낀다.[27] 한국 교회 전반에 퍼져 있는 잘못된 정보를 수정하고, 반동성애단체의 논리를 반박한다. 동성애는 선천적이지도 않고, 후천적이지도 않다. 어떤 사람의 성적 지향은 가치중립적 문제다. 세계보건기구는 1992년 동성애를 국제질병분류ICD에서 삭제했다. 동성애는 병이 아니다. 오히려 동성애를 치료한다는 명목의 전환치료가 동성애자를 정신질환으로 몰고 간다. 또한 동성애는 에이즈를 유발하지 않는다. HIV(인간면역결핍 바이러스)에 감염되었을 때 HIV 감염인이 되고, HIV 치료가 악화된 경우에 에이즈를 일으키는 것이다. HIV 감염을 줄이고 싶다면 HIV 감염인에 대한 차별과 혐오를 멈춰야 한다. HIV 감염인들이 적극적으로 검사를 받고 치료받을 수 있는 사회적 환경을 마련해야 한다. 그러나 한국 교회는 앞장서서 HIV 감염인 게이를 혐오해 왔다. 더불어 차별금지법, 트랜스젠더 성별 정정, 동성결혼 합법화를 막고 있다.

박경미는 보수적인 한국 교회, 반동성애단체의 퀴어 혐오의 뿌리가 근본주의 성서 해석에 있다고 본다. 성서 편집자가 말하고자 하는 의미를 무시한 채 특정 신념에 근거해 성서를 해석하고, 그걸 불변의 진리라고 여기는 게 문제라는 지적이다. 성서는 고정되어 있지 않고 계속 재해석되어 왔음을 말한다.

이어 박경미는 공포의 본문들을 재해석한다. 창세기 19장의 소돔과 고모라는 외부인 폭력과 외부인 환대 문제로 본다. 사사기 19장 레위인의 배우자 본문이 폭력의 문제이듯 말이다. 이어서 레위기 18:22, 20:13은 제사 문서의 특징을 근거로 '거룩'이 무엇인지 다시 묻는다. 레위기에서 동성 성관계 금지로 거룩을 유지하는 것과 오늘날 동성애자들의 사랑을 반대하는 것 사이에는 연관성이 없다. 고린도전서 6장 바울의 남색 비판은 고린도 공동체의 상황과 문맥을 유심히 읽어야 함을 강조한다. 로마서 1:26-27도 마찬가지다. 줄이자면, 박경미는 보수 개신교에서 동성애를 비판하는 근거로 삼은 성서 본문과 오늘날의 동성애는 관계가 없다고 본다.

김근주도 박경미와 비슷한 논리와 맥락을 같이한다. 김근주는 먼저 주해와 해석을 설명하고, 구체적 사례로 공포의 본문들을 해석한다. 주석/주해는 본문의 문맥에 따른 의미를 밝히는 작업이고, 해석은 본문의 의미가 오늘의 현실과 어떻게 연관되는가를 살피는 작업이다.[28] 김근주는 성서의 해석은 성서가 근본적으로 말하고자 하는 원칙 혹은 원리와 개별 본문이 일치해야 한다고 주장한다.[29] 이와 더불어 해석자의 역사적 맥락에 따라 성서가 재해석되어 왔음을 짚는다. 김근주 역시 공포의 본문들에 집중한다. 창세기 19장, 사사기 19장, 소돔에 대한 이해, 레위기 18:22와 20:13, 로마서 1:26-27 등이다. 성서신학적으로 역사적 맥락에서 오늘날 한국 사회의 동성애 관계와 공포의 본문들이 상관없음을 밝힌다. 김근주는 과거에 여성 차별과 노예제도의 근거를 성서 속에서 찾았듯이, 동성애 문제도 동성애자를 차별하기 위해 성서 속에서 자의적으로 해석하는 게 아닌지 되묻는다.[30] 성서에서 근본적으로 말하고자 하는 원칙 중 하나는 '이웃 사랑'인데, 한국 교회에서 동성애자들에게 이를 행하고 있는지를 묻는다.

김진호는 박경미나 김근주와는 달리 공포의 본문들에 정치사적 해석을 시도한다. 성서에서 남성끼리 성관계하는 것에 반대하는 구절들이 정치적 의도와 연관되어 있다고 보면서 본문을 해석한다.[31] 사사기 19:22-23은 모욕과 희생자로 해석한다. 성서 시대에 평등주의를 지향했던 부족동맹 이스라엘이 점차 왕국으로 변모함에 따라 사회적 갈등이 심화되었다. 본문은 레위인을 모욕하기 위해 베냐민 부족이 저지른 만행을 묘사하는데, 김진호는 이조차도 사사기 편집자가 베냐민 지파를 깎아내리기 위해 편집한 것이라고 본다. 사사기 19장 본문에서 레위인 아내는 혐오와 폭력의 희생자가 되지만 그 목소리는 제거되어 있다고 지적한다. 로마서 1:26-27은 권력형 성폭력의 문제로 해석한다.[32] 바울은 권력자들이 순리를 거스르고 있다고 비판한다. 권력자들이 노예, 빈민, 서민층 남녀를 성적으로 농락하고 있기 때문이다. 바울은 성폭행 피해자의 시선에서 권력자들을 비판한다. 레위기 20:13은 순결주의 정치학으로 해석한다. 예루살렘 성전의 예배만을 성결한 것으로 강조하기 위해, 레위기 편집자들은 동성 성행위가 행해졌던 '히에로스 가모스 예배'를 타락한 우상숭배 예배로 간주했다.[33] 유대 귀환 공동체 지배 세력은 자신들이 유대 지방에 정치력을 행사하는 것의 정당성을 주장하고자 했고, 이 생각은 레위기 20:13에 담겼다. 김진호는 책 말미에서 '계몽적 보수주의'를 언급하며, 동성애 혐오를 누가, 왜 하는지를 묻는다. 더 나아가 한국 교회가 낯선 존재들에게 가하는 편견과 폭력을 돌아보고, 세계를 변화시켜야 함을 강조한다.[34] 퀴어한 존재는 '신의 축복'이라고까지 말한다.

현재의 반동성애 광풍 속에서 변증신학은 꼭 필요하다. 성서에서 말하는 동성 성행위와 지금 한국 사회의 동성애는 관계가 없음을 누군가는 말해야 하고, 퀴어가 교회 내의 수많은 교인 중 한 명임을 알려야 한다. 변증 반응기에 한국 교계의 전면에 나선 박경미, 김근주, 김진호, 허호익을 포함한 신학자들은 모두 감당하기 힘든 치리와 압력을 받고 있다. 그래도 그들은 계속해서 말하고 있다.

다만 변증신학은 퀴어를 대상화할 수밖에 없다는 한계를 가진다. 퀴어는 차별과 억압을 받고 있기에 옹호해야 하는 대상으로 그려지기 쉽다. 그러나 퀴어를 하나의 단일한 억압과 차별 아래 묶을 수는 없다. 퀴어가 한국 교회로부터 겪는 차별은 교차적이다. 퀴어에게 차별은 개신교인 여부, 성별 정체성, 젠더 정체성, 학력, 장애 여부를 포함한 다양한 소수자성에 따라 다르게 경험된다. 이러한 문제 인식에서 '불쌍하지 않은', '동등한', '교차적인', '퀴어 공동체 내부의 경험을 담은' 퀴어이론을 바탕으로 한 퀴어신학이 등장했다.

변증 시기를 넘어

변증신학을 넘으려는 시도는 현재까지 이어지고 있다. 한국퀴어신학아카데미와 무지개신학연구소는 변증을 넘어선 퀴어비평을 국내에 적극적으로 소개하고 있는 단체다. 한국퀴어신학아카데미(회장 최형미)는 2017년부터 퀴어신학을 연구해 왔으며 매달 퀴어신학 관련 모임을 여는 등 활발히 활동하고 있다. 무지개신학연구소(소장 김준우)는 2017년 설립되었으며 '무지개신학 시리즈'와 《퀴어 성서 주석》 완역본을 발간하는 등 퀴어신학을 국내에 소개하는 데 앞장서고 있다.

한편 이영미와 유연희는 변증신학을 넘으려고 시도하는 대표적인 구약성서 신학자다. 이영미는 한신대학교 신학대학 교수이며 퀴어비평이 주요 연구 분야다. 주로 수사비평에 근거해 성서 자체에 퀴어성이 있음을 밝히고, 본문을 자세히 읽어 이성애 규범성을 위반하는 부분을 밝힌다. 퀴어이론을 활용하되 최대한 성서 자체의 본래 의미에서 이성애 규범성이 어긋나는 부분을 찾으려 한다는 점이 특징이다. 유연희는 퀴어이론을 적극적으로 수용하는 학자다. '성서를 읽는 것은 거울을 보는 것과 비슷하다'는 생각을 바탕으로 퀴어비평을 전개한다. 성서에서 상상적 읽기, 성소수자 찾기, 퀴어 및 앨라이 경험으로 해석하기 등을 활용한다.

마지막으로 퀴어 및 앨라이의 관점에서 민중신학 언어를 활용하는 퀴어비평의 흐름이 있다. 퀴어 및 앨라이 신학자가 직접 퀴어를 민중으로 호명하고, 민중신학의 언어로 퀴어비평을 전개한다.

다음에서는 변증신학을 넘으려는 각각의 시도를 좀

더 구체적으로 살펴보고자 한다.

한국 퀴어신학 연구단체

한국퀴어신학아카데미는 퀴어신학의 대중화를 목표로 다양한 활동을 활발히 수행하고 있다. 특히 2017년 시작된 '퀴어스레 신학하기'는 퀴어성서 주석 강론을 포함한 한국퀴어신학아카데미의 대표적 프로그램이다. 한편 2022년에는 퀴어비평을 함께 공부하는 프로그램을 개설했고, 2023년에는 퀴어신학 분야의 국내 신진 연구들을 발표하는 제1회 퀴어신학 콜로키움 〈퀴어 신학의 새 목소리〉를, 2024년에는 제2회 퀴어신학 콜로키움 〈퀴어, 신학을 리빌딩하다〉를 공동 주관했다. 더불어 매달 퀴어비평, 퀴어이론, 교차성을 중심으로 책을 선정해 함께 읽는 등 퀴어비평에 관심 있는 사람들이 퀴어비평에 접근할 수 있는 통로 역할을 하고 있다. 한마디로 퀴어신학과 연결된 여러 사람들과 함께 최신 퀴어비평을 공부할 수 있는 퀴어신학 연구단체다.

무지개신학연구소는 퀴어비평 서적 다수를 번역 출판하여 국내에 소개해 왔다. 2018년 무지개신학 시리즈의 첫 번역서인 《동성애와 기독교 신앙》을 시작으로 지금까지 총 6권의 책을 발간했으며, 미국에서 2007년 출간된 《퀴어 성서 주석(QBC)》의 완역본인 《퀴어 성서 주석 Ⅰ. 히브리성서》(2021)와 《퀴어 성서 주석 Ⅱ. 신약성서》(2022)를 7년여의 노력 끝에 출간했다. 무지개신학연구소 소장 김준우는 한국기독교연구소 소장을 겸임하고 있다. 김준우는 지금까지 역사적 예수, 흑인신학을 포함해 다양한 비평방법을 포함하는 책을 번역 출간해 왔다. 《퀴어 성서 주석》은 2017년 임보라 목사의 이단성 여부를 조사한 8개 주요 교단의 근거 자료로 사용되었기에, 무지개신학연구소를 제외한 대부분의 기독교 출판사에서 번역 출판을 거절했다고 한다. 그럼에도 퀴어, 앨라이, 신학자, 목사 모두가 뜻을 모아 히브리성서 부분을 번역했고, 텀블벅tumblbug을 통해 당시 주석서로는 이례가 없을 정도로 많은 889명의 후원자를 모으고 최종 모금액 43,933,000원을 달성하며 퀴어신학에 대한 대중의 관심을 입증했다. 무지개신학연구소는 퀴어비평을 하나의 동등한 비평으로 바라보고, 한국에서 퀴어비평 책을 폭넓게 출판할 수 있는 역량을 갖춘 단체다.

수사비평으로 이성애 규범성 넘기

이영미는 수사비평으로 성서 자체의 의미를 찾아 이성애 규범성을 해체하고자 한다. 그는 1990년대 후반에 유니언신학교에서 수학하며 퀴어신학의 성장을 목격했고, 퀴어 신학생들과의 교류를 통해 퀴어신학을 받아들였다. 지도교수 필리스 트리블Phyllis Trible의 영향으로 수사비평적이고 여성신학 구조가 함께하는 비평으로 성서를 읽는다. 대표적으로 이영미는 창세기 1~2장의 인간 창조와 관련된 세 구절을 수사비평으로 읽는다.[35] 성서는 동성애를 죄로 보지 않으며, 이성애 가부장적 결혼을 하느님의 창조 질서에 부합하는 것으로 그리지 않는다. 창세기 1:26-27에서 남성과 여성은 성별 정체성을 표현하는 말일 뿐 성적 지향성에 대한 암시는 없다. 창세기 2:7에서 아담은 남성과 여성으로 나뉘기 전 사람이고, 남성-여성의 성별 정체성 이분법에 한정되지 않는 고대적인 인식을 반영한다. 창세기 2:24는 부부가 성적 결합으로 한 몸이 된다는 의미도, 결혼을 한다는 의미도 아니다. 두 객체가 하나 됨과 헌신에 대한 의미가 주요하다.

이영미의 신학이 변증신학과 다른 점은 퀴어이론을 분명하게 인식하고 퀴어비평으로써 이성애 규범성을 해체하려는 부분이다.[36] 그는 여성신학과 퀴어신학의 교차적 관점에서 성서를 생각한다. 섹스, 젠더, 섹슈얼리티의 이분법적 규범을 문제시하고 히브리성서 본문에서 이분법적 이성애 규범성에 어긋나는 본문을 하나하나 찾아 논박한다. 다만, 이영미는 퀴어이론을 활용하되 성서 본문이 말하고자 하는 의미를 뛰어넘는 해석은 하지 않는다.

적극적 퀴어이론 수용

유연희는 퀴어이론을 적극적으로 수용하여 퀴어 및 앨라이의 경험을 비평에 활용한다. 성서 본문의 의미와 연계성이 낮아 보여도 본문 속에서 퀴어를 찾아내고, 전통적인 해석 방법을 뒤흔들고 가로지른다. 무질서해 보이는 퀴어비평이 성서 내의 이성애 규범성을 해체할 것이라고 생각하기 때문이다. 일례로 유연희는 퀴어-페미니스트 관점에서 이사야서를 한 권으로 읽는다.[37] 성서를 해석하는 데 있어 객관은 허구고, 해석은 거울과 같아서 수많은 정체성이 교차되는 자신을 보는 작업이라 여긴다. 유연희가 이사야서를 보는 렌즈는 퀴어-페미니스트다. 이사야서 주석은 다양한 여성 은유가 빈번하게 드러나고 있음에도 불구하고 오랜 기간 남성 중심의, 특히 이성애-남성 중심적 시각에 갇혀 있었다.[38] 유연희는 1980년 이후의 여성신학과 1990년대부터 시작된 퀴어비평적 연구 성과에 의해 이러한 전통적 입장이 지닌 문제점이 드러났다고 본다. 이사야서에서 젠더, 섹슈얼리티를 읽을 수 있게 된 배경에는 여성신학과 퀴어비평의 영향이 있다. 이 같은 연구의 연장선에서 이사야서에 담긴 여성의 이미지와 은유를 분석하고, 젠더 역전을 찾는다.

이사야서는 본문 전체에 걸쳐 젠더 역전과 다양한 젠더 표현이 들어 있는 책이다. '딸 시온'이라는 여성 명제는 1, 2, 3 이사야 전체에 등장해 이사야서의 통일성에 기여한다. '남편 야웨와 아내 이스라엘' 혹은 아내와 어머니로서의 (여성)시온은 2, 3 이사야를 연결한다. 유연희는 이사야서의 여성 은유가 당시 청중이었을 엘리트 남성에게 적용될 때, 젠더 고정성과 이성애 규범성을 흔든다고 해석한다.

이사야서에서는 유다, 이스라엘, 예루살렘, 시온을 여성이라 칭한다. 그런데 당시 이사야서를 주로 듣고 배운 사람은 이스라엘 남성이었다. 이 은유는 남성 청중에게 거세, 수치, 모욕을 가한다. 이성애 가부장제 사회에서는 남성을 여성으로 부르는 것 자체가 모욕이 된다. '딸 시온'이 등장할 때마다 젠더 역전이 발생한다.

야웨는 "전쟁터에 나가는 용사"(42:13a) 같은 남성성뿐 아니라 "자녀를 출산"(45:10-11)하는 여성적 이미지를 오간다. 야웨는 트랜스젠더적이다. 신부 단장을 하는 예언자는 크로스드레싱을 떠올리게 한다. 앞서 언급했듯이 예언자뿐 아니라 이 이야기의 청중은 생물학적 남성이었을 것이다.

　　이사야서는 정상가족 이데올로기를 벗어난 다양한 관계 형태를 묘사한다. 예를 들어, 23장에 등장하는 '음녀 두로'의 성매매 수익을 가져가는 야웨는 정상가족 속 자애로운 아버지가 아니라 포주의 이미지다. 5장의 포도밭 노래에 등장하는 신, 예언자, 백성들의 관계는 다자간 연애, 즉 폴리아모리 관계를 연상시킨다. 시온을 낳은 여성 야웨와 아이를 잃었다고 생각한 어머니 시온, 자식 이스라엘로 구성된 공동체는 두 여성과 아이로 구성된 '비정상적' 가족이다. 다가올 희망의 세상을 그리는 마지막 장은 여성이 한 부모인 가정을 묘사한다.

　　유연희는 퀴어비평의 방법론을 적극 사용한다. 크로스드레싱과 같은 퀴어 경험으로 이사야서를 읽는다. 또한 정상가족 이데올로기에 문제를 제기하는, 바이블 트러블을 일으키는 부분을 개연성과 상관없이 해석한다. 유연희의 해석은 혼종적이고, 가로지른다. 이사야서를 퀴어비평하며 정상가족 이데올로기, 남성-여성, 남성성-여성성, 출산의 이성애 규범성을 해체한다.

민중신학과 퀴어비평의 교차성

　　한국 퀴어비평의 독특한 흐름은 민중신학의 언어를 퀴어비평에 접목했다는 점이다. 퀴어 및 앨라이 신학자 스스로 민중신학의 '오클로스'를 포함한 핵심 개념을 가져가 퀴어 스스로를 민중이라 칭하고 퀴어비평을 전개해 갔다. 2007년 고상균이 발표한 〈민중 신학적 관점에서 바라본 동성애〉는 퀴어와 민중신학을 연결한 최초의 학술적 시도였다. 고상균은 퀴어에 대한 관심을 꾸준히 이어가는 한편 성소수자 교인을 동등하게 대하는 '모두의 교회 P.U.B.'을 개척했다. 이영미는 《퀴어 성서 주석 Ⅰ. 히브리성서》를 유연희와 함께 책임 번역했다. 고(故) 임보라 목사는 대표적인 무지개교회 중 하나인 섬돌향린교회에서 사역했다.[39] 한신대학교 신학대학원의 민중신학회와 성정의위원회는 2021년 '드랙 예수 채플'을 주관했다. 2024년 기장총회 게시판에 동성애 반대 글이 쏟아지자, 황용연(서울노회 사회선교사)과 홍주민(한국디아코니아)은 이를 적극 반박했다. 민중신학은 2007년부터 지금까지 퀴어와 연결되어 있다.

고상균부터 시작된 퀴어-민중신학의 경향성은 이유정, 유영상으로 이어졌다. 2022년 10월 한신대학교 신학대학원에서 열린 안병무 선생 탄생 100주년 기념 학술대회에서는 이유정의 논문 〈퀴어의 시각으로 보는 민중신학〉(2021)이 소개되었다. 아래에서는 이유정의 논문을 요약하면서 민중신학의 언어가 어떻게 퀴어비평에 접목되는지 살펴보겠다.

이유정의 논문은 퀴어와 민중신학을 연결하는 과정을 보여 준다. 민중신학이 퀴어를 해석함과 동시에, 퀴어 경험으로 민중신학을 해석한다. 먼저 이유정은 2장에서 퀴어를 "성별 이분법과 이성애 규범에 맞지 않는 정체성을 지닌 모든 사람"으로 정의한다. 현실에는 다양한 퀴어들이 존재하지만, 논문에서는 대중이 주로 인식하는 LGBT에 집중한다. 이유정은 퀴어들이 겪는 경험을 "80%의 고통과 20%의 희망"으로 해석한다. 퀴어는 가부장제 이성애 규범 속에서 스스로를 숨겨야 하고, 사회적 그룹에 소속되지 못해 소외감을 느낀다. 상당수 퀴어들은 기독교의 보수적 교리와 성소수자 혐오 세력으로 인해 기독교에 부정적 경험을 쌓았다. 퀴어 기독교인은 '경계인'으로서 극심한 고통 속에 자신의 정체성을 바꾸려 하거나, 혹은 자신을 보다 온전히 받아들인다. 이유정은 일부 퀴어 영화들이 퀴어 경험을 소비하듯 퀴어들이 겪는 경험을 '고통'과 '슬픔'으로만 바라보지 않는다. 퀴어 경험에서 스스로에 대한 자긍심과 퀴어 간의 연대를 읽는다.

이유정은 민중신학을 체계적으로 조직해 설명한다. 민중신학은 1970~1980년대 독재 정권하에서 한국 사회의 노동자, 농민, 도시 빈민 등에 주목하면서 탄생한 한국의 토착 신학이다. 민중신학자들은 성서를 민중의 눈으로 해석한다. 성서의 역사는 민중의 역사고, 민중이 곧 메시아라고 주장한다. 민중의 저항적인 역사, 구전 이야기를 포함한 민중 문화 속에서 민중의 지혜를 발견한다. 여기에 기독교적인 의미를 잇는다. 특히 이유정은 안병무의 마가복음 오클로스 해석에 집중한다. 예수가 만난 오클로스는 사회에서 배제된 '어중이떠중이'였지만, 동시에 예수 전승의 주체이자 십자가 사건을 일으킨 주역이었다. 민중은 "억눌리고 소외된 자", "고유한 민중 언어와 문화의 담지자", "하느님과 계약 당사자이자 역사의 주체"다.

2장의 퀴어와 민중신학 개념 정리는 3장의 '성소수자 민중론'을 위한 것이다.[40] 그동안 민중신학은 젠더와 섹슈얼리티에 억압받는 사람들을 제대로 읽지 못하거나 잘못 읽어 왔다. 한 가지 예로, 여성을 깨달음에 이르기 위한 수단이나 성녀 혹은 성판매 여성의 이미지로만 소비했다. 퀴어는 논외였다가 2000년대 중반에서야 관심 영역이 되었다. 퀴어가 민중인 까닭은 다음의 세 가지 이유에서다.

1 퀴어는 이성애 중심적이고 성별 이분법적인 사회에서 배제를 겪는다. 이에 따라 경제적 가난에도 쉽게 노출된다.
2 퀴어는 억압을 겪으면서 자신들만의 고유한 상징과 문화(드랙 문화, 6색 무지개 등)를 형성했다.
3 퀴어는 기존 질서에 저항하고 실제로 퀴어 혐오적인 사회를 퀴어 친화적인 사회로 변화시키는 역사의 주체다.

4장은 좀 더 급진적이다. 이유정은 퀴어이론을 민중신학과 연결해 분석한다.[41] 최근 퀴어신학은 퀴어이론을 적극적으로 받아들여 비평에 활용하고 있다. 퀴어이론의 주된 특성은 이성애 규범성 해체로, 누가 정상-비정상을 나누는 규범을 만들었는지 묻는다. 섹스, 젠더, 섹슈얼리티를 이분법적으로 나누는 행위 그 자체에 의문을 표한다. 이유정은 이분법적 경계를 허무는 퀴어이론의 특징을 민중신학에 적용한다. 민중신학은 '예수가 민중이고 민중은 예수다'라고 주장했고, 이는 이분법적 경계를 허문다. 민중신학은 예수와 민중의 경계를 부수고, 민중을 제도교회로부터 해방시킨다. 그렇게 예수 사건의 주역으로 민중이 나타난다. 한편 민중신학은 '죄'라는 수단으로 권력자가 규범에 벗어나는 사람들을 규제해 왔다고 본다. 퀴어 역시 이성애 규범성에서 벗어난 비정상적인 존재로 낙인찍혔다. 민중신학은 죄를 논하기 전에 '한(恨)'에 주목한다. 이유정은 부당하게 억압받는 퀴어들의 한을 듣고 이를 풀어주는 데에 우리 모두의 구원이 연결된다고 말하면서 논문을 마무리한다.

정리하자면 이유정은 민중신학 언어를 활용해 퀴어를 말하는 주체로 삼았다. 퀴어경험으로 퀴어 스스로가 민중신학을 해석하고, 퀴어가 민중임을 밝힌다. 여성신학과 장애신학이 민중신학이 보지 못했던 부분을 밝히듯이 퀴어는 민중신학에서 섹슈얼리티와 젠더 억압 부재, 교차성을 비춘다.

우리나라 퀴어신학 평가

지금까지 살펴보았듯이 한국 퀴어신학은 '동성애 인식기-변증 반응기-변증 시기 넘어'의 순으로 발달해 왔다. 동성애 인식기에는 동성애로 대표되는 퀴어를 교회 공동체가 포용하기 위한 변증신학이 주를 이루었고, 퀴어신학으로서 퀴어가 처음 가시화되었다. 박근진과 고상균이 대표적 연구자다. 변증 반응기는 2010년대 중·후반 보수 개신교의 정치적 목적과 반동성애 단체의 예언자적 신앙관에 의해 반동성애 운동이 교회 전면에 부각되던 시기에 시작되었다. 퀴어 및 앨라이에 대한 교계의 탄압을 지켜보던 몇몇 신학자들이 이에 반응했다. "동성애자는 상상 속 괴물이 아니라 교회 안의 한 명의 교인이고, 성서는 동성애를 정죄하지 않는다"라고 말했다. 박경미, 김근주, 김진호, 허호익이 대표적 연구자다. 이들은 기독교인 대중을 위한 책을 편찬했다. 주로 성서 해석은 다양하며, 동성애를 혐오하는 성서 본문은 다르게 읽힐 수 있고, 성서 내용과 현대 한국 사회의 동성애자는 서로 아무런 관련성이 없다는 내용이다. 이들은 저술 활동을 통해 목소리를 잃어버린 사람들을 대신해 말하는 예언자 역할을 수행하고 있다.

    동성애 인식기와 변증 반응기에 이루어진 연구는 퀴어 및 비퀴어 크리스천에게 긍정적 영향을 미쳤다. 퀴어 크리스천에게는 공포의 본문들을 재해석함으로써 자기혐오에서 벗어날 수 있는 계기를 제공했다. 비퀴어 크리스천에게는 교회 안의 퀴어를 신앙인으로 받아들일 수 있는 신학적 토대를 마련해 주었다. 다만, 동성애 인식기와 변증 반응기의 퀴어 신학에서 퀴어 당사자의 목소리를 찾아보기는 어렵다. 퀴어 경험은 보기 힘들고, 타자로서 대상화된 퀴어가 드러난다.

    변증 시기를 넘어서 퀴어이론에 기초한 퀴어비평들이 나타났다. 이영미는 수사비평적으로 접근하여 성서의 본래 의미 안에서 이성애 규범성을 문제시 삼았다. 유연희는 퀴어비평을 적극적으로 수용해 성서 안에서 성소수자 찾기와 상상적 읽기를 시도했다. 한편 고상균 이래로 여러 퀴어 및 앨라이 신학자들이 민중신학의 언어로 퀴어와 민중을 연결하여 해방-한풀기를 해야 함을 말하고 있다. 퀴어이론을 바탕으로 한 퀴어비평은, 퀴어 및 앨라이에게 퀴어비평 용어를 활용해 퀴어 경험을 말할 수 있는 기회를 제공한다. 성서에 대해 변증하는 수동적 해석이 아닌, 나를 읽고 성서를 읽는 능동적 해석을 제공한다. 비퀴어에게는 퀴어신학이 퀴어만의 이야기가 아니라 이성애 규범성에 벗어나 고통받는 모든 사람을 해방으로 이끌 신학이라는 점을 깨닫게 한다.

    퀴어 및 앨라이가 고통받고 있는 현재의 상황에서는,

퀴어이론에 근거한 퀴어신학과 변증신학은 나란히 수행되는 것이 적절해 보인다. 한편으로는 기독교인 대중에게 퀴어 혐오적 본문을 재해석해 변증해야 하고, 한편으로는 퀴어 및 앨라이 스스로 해석자로서 퀴어 경험을 넣어 퀴어비평을 해야 한다. 다만 여기서 말하는 퀴어는 성소수자로 한정되지 않는다. 이성애 규범성에 맞지 않는 모든 사람들을 말한다.

✳✳✳

> "답을 원했던 단 하나의 질문은 '그녀가 내 사랑일까?' 였지. 답은 망할 42가 아니었어. 답은 '그렇다'야."
> – 영화 〈은하수를 여행하는 히치하이커를 위한 안내서〉 아서 덴트의 말

퀴어신학을 여행하는 히치하이커를 위한 안내는 이것으로 끝이다. 지금까지 퀴어의 의미, 퀴어신학의 주요 특징과 흐름, 미국 퀴어신학의 발달사, 한국 퀴어신학의 변화 등을 살펴보았다. 우리가 퀴어와 앨라이로서 우리이기를, 또 다양한 교차성이 공존하는 내가 우리가 아니기를 바란다. 퀴어신학을 통해 억눌린 퀴어들과 앨라이들이 목소리를 되찾아 자신의 경험을 말할 수 있기를 바란다. 우리는 "사랑이 이긴다"를 외치며 많이 져 왔고, 희망 없는 시대를 건너고 있는 것처럼 보이기도 하지만, 그럼에도 나는 우리가 여전히 희망을 믿기를 바란다. 계속해서 함께 히치하이커처럼 여행하기를 소망한다. 우리가 하느님의 사랑 안에서 살고 있다는 것을, 그리고 우리가 아직도 하느님을 사랑한다는 것을 놓지 않기를 소망한다.

주

01　기독교대한감리회 〈교리와 장정〉 2016【987】제3조 8항, 【989】 제5조 3항.
02　"축복기도가 죄인가…'성소수자 축복' 징계받은 이동환 목사", 〈경향신문〉, 2022년 11월 8일.
03　"감리회, 끝내 '성소수자 환대 목회' 이동환 목사 출교", 〈뉴스앤조이〉, 2024년 3월 4일.
04　"임보라 목사 '이단' 만든 근거는?", 〈뉴스앤조이〉, 2018년 9월 21일.
05　"최전선에서 성소수자와 함께하던 임보라 목사 별세", 〈뉴스앤조이〉, 2023년 2월 5일.
06　前 호남신대 오현선 교수는 2019년 자진 사임을 당했다. "차별당하는 이들 곁에 있지 않았던 교회들, 입은 닫고 피해자·소수자 보는 눈과 들을 귀 크게 열길", 〈뉴스앤조이〉, 2020년 8월 11일. 前 허호익 교수는 2020년 예장통합 대전서노회에서 출교 판정을 받았다. "본질에는 관용을, 비본질에는 철퇴를? …보수 교단들의 막무가내 '반동성애 사상 검증'", 〈뉴스앤조이〉, 2020년 11월 5일.
07　Linn Marie Tonstad, *Queer Theology*, New York: Casade Books, 2018, p. 3.
08　패트릭 S. 쳉, 《급진적인 사랑》, 임유경, 강주원 옮김, 무지개신학연구소, 2019, 26쪽.
09　패트릭 S. 쳉, 위의 책, 36~37쪽.
10　Ken Stone, "Queer Commentary", Ken Stone et. al., *New meanings for ancient texts*, Louisville: Westminster John Knox Press, 2013, pp. 155~176.
11　쳉, 《급진적인 사랑》, 59쪽.
12　Stone, *New meanings for ancient texts*, p.45.
13　패트릭 S. 쳉, 《무지개신학》, 이영미 옮김, 무지개신학연구소, 2017, 84쪽.
14　박근진, 〈한국개신교신앙공동체에서 동성애정체성 연구: '로뎀나무그늘'을 중심으로〉, 성공회대학교 NGO대학원 석사학위 논문, 2004, 5~8쪽.
15　박근진, 위의 글, 152쪽.

16 박근진, 위의 글, 66쪽.
17 박근진, 위의 글, 67쪽.
18 다만, 현재 20~30대의 퀴어 경험은 이 인터뷰가 진행된 2000년대 초반의 경험과는 현저히 다르다. 요즘은 유튜브를 포함한 여러 매체를 통해 자신이 퀴어임을 상대적으로 일찍 안다.
19 박근진, 앞의 글, 78쪽.
20 2003년 로뎀나무그늘교회 예배 일시가 토요일 밤이었기에, 인터뷰 대부분은 일요일에는 자신이 오래 다니던 교회에 출석했다.
21 박근진, 앞의 글, 110쪽.
22 시스젠더 이성애자란, 사회에서 부여한 생물학적 성과 자신이 느끼고 경험하는 젠더 정체성이 일치하면서 이성을 성애하는 사람을 말한다.
23 고상균, 〈민중 신학적 관점에서 바라본 동성애〉, 한신대학교 신학전문대학원 석사학위 논문, 2007, 5쪽.
24 고상균, 위의 글, 6쪽.
25 시우, 《퀴어 아포칼립스》, 현실문화, 2018, 38쪽.
26 박경미, 《성서, 퀴어를 옹호하다》, 한티재, 2020, 37쪽.
27 박경미, 위의 책, 38쪽.
28 김근주, 《네 이웃을 네 몸과 같이》, 느헤미야, 2020, 23쪽.
29 김근주, 위의 책, 24쪽.
30 김근주, 위의 책, 142쪽.
31 김진호, 《성서와 동성애》, 오월의봄, 2020, 13쪽.
32 김진호, 위의 책, 102쪽.
33 김진호, 위의 책, 147쪽.
34 김진호, 위의 책, 186쪽.
35 이영미, 〈성서의 퀴어성과 해석의 다양성〉, 《신학연구》 71, 2017, 37쪽.
36 이영미, 〈성고정관념과 이분법적 젠더정체성을 기초한 성서해석 해체하기〉, 《신학연구》 78, 2021, 27쪽.
37 유연희, 〈퀴어-페미니스트 관점에서 한 권의 책으로 읽는 이사야서〉, 《구약논단》 28권 2호, 2022, 37쪽.
38 고상균, 〈퀴어-페미니스트 관점에서 한 권으로 책으로 읽는 이사야서를 읽고〉, 심원 안병무 선생 탄생 100주년 기념 학술대회 3부 제8분과, 2022, 2쪽.
39 무지개교회란, 퀴어를 동등한 교인으로 대하고 서로 존중하는 교

40 이유정, 〈퀴어의 시각으로 보는 민중신학〉, 연세대학교 연합신학대학원 석사학위 논문, 2021, 25~39쪽.
41 이유정, 위의 글, 44~55쪽.

*** 참고문헌

고상균, 〈민중 신학적 관점에서 바라본 동성애〉, 한신대학교 신학전문대학원 석사학위 논문, 2007.
_____, 〈퀴어-페미니스트 관점에서 한 권으로 책으로 읽는 이사야서를 읽고〉, 심원 안병무 선생 탄생 100주년 기념 학술대회 3부 제8분과, 2022.
김구원, 《가장 아름다운 노래》, 기독교문서선교회, 2019.
김근주, 《네 이웃을 네 몸과 같이》, 느헤미야, 2021.
김요한, 《흠뻑 젖어 보자 아가서》, 민음사, 2016.
김진호, 《성서와 동성애》, 오월의 봄, 2020.
데린 게스트 외, 《퀴어 성서 주석1 : 히브리성서》, 퀴어 성서 주석 번역출판위원회 옮김, 무지개신학연구소, 2021.
래리 L. 라이크, 《내가 너를 영원히 아내로 맞이하리라》, 대한기독교서회, 2014.
바르비에로 잔니, 《아가, 새로운 번역, 입문과 주석》, 안소근 옮김, 카톨릭출판사, 2014.
박경미, 《성서, 퀴어를 옹호하다》, 한티재, 2020.
박근진, 〈한국개신교신앙공동체에서 동성애정체성 연구: '로뎀나무그늘'을 중심으로〉, 성공회대학교 NGO대학원 석사학위 논문, 2003.
앙드레 라콕, 《히브리 문학의 성정치학》, 정희원 옮김, 코헨, 2011.
유연희, 〈퀴어신학: 생명을 살리는 종교화 학문을 위하여〉, 《한국여성신학》 93호, 2021.
_____, 〈퀴어-페미니스트 관점에서 한 권의 책으로 읽는 이사야서〉, 《구약논단》 28권 2호, 2022.
이영미, 〈성고정관념과 이분법적 젠더정체성을 기초한 성서해석 해체하기〉, 《신학연구》 78호, 2021.
_____, 〈성서의 퀴어성과 해석의 다양성〉, 《신학연구》 71호, 2017.

이유미, 《아가》, 대한기독교서회, 2014.
이유정, 〈퀴어의 시각으로 보는 민중신학〉, 연세대학교 연합신학대학원 석사학위논문, 2021.
시우, 《퀴어 아포칼립스》, 현실문화연구, 2018.
패트릭 S. 쳉, 《무지개신학》, 이영미 옮김, 무지개신학연구소, 2017.
_____, 《급진적인 사랑》, 임유경, 강주원 옮김, 무지개신학연구소, 2019.
허호익, 《동성애는 죄인가》, 동연, 2022.
Ken Stone, "Queer Commentary", Ken Stone et. al., *New meanings for ancient texts*, Louisville: Westminster John Knox Press, 2013.
Linn Marie Tonstad, *Queer Theology*, New York: Casade Books, 2018.

"축복기도가 죄인가…'성소수자 축복' 징계받은 이동환 목사", 〈경향신문〉, 2022년 11월 8일.
"감리회, 끝내 '성소수자 환대 목회' 이동환 목사 출교", 〈뉴스앤조이〉, 2024년 3월 4일.
"임보라 목사 '이단' 만든 근거는?", 〈뉴스앤조이〉, 2018년 9월 21일.
"최전선에서 성소수자와 함께하던 임보라 목사 별세", 〈뉴스앤조이〉, 2023년 2월 5일.
"차별당하는 이들 곁에 있지 않았던 교회들, 입은 닫고 피해자·소수자 보는 눈과 들을 귀 크게 열길", 〈뉴스앤조이〉, 2020년 8월 11일.
"본질에는 관용을, 비본질에는 철퇴를? …보수 교단들의 막무가내 '반동성애 사상 검증'", 〈뉴스앤조이〉, 2020년 11월 5일.

02
"우리는 왜 슬플 때만 만나는가"
생존과 부활 가운데서 교차하는
민중신학과 퀴어링[01]

유영상[*]
(향린교회)

살아 내야 하는 숙명에 내몰린 사람들이 있다. 생존이 투쟁이 되어 버린 사람들이 있다. 오늘날 한국 사회의 성소수자들이 그렇다. 차별과 혐오가 그들을 내몰았다. 역설적이게도, 성소수자의 인정 투쟁은 사회적 규범의 안과 밖 모든 곳에서 그들의 숙명이 되었다. 그들의 삶은 투쟁 그 자체가 되었다.

그동안 우리는 "성소수자를 어떻게 옹호해야 할까?"라는 질문을 다양한 맥락과 관계 안에서 조명했다. 본래 기독교 신앙은 성소수자를 혐오하지 않는다는 기독교식 변증을 통해, 또는 성소수자도 응당히 기본권을 누릴 자격이 있다는 인권의 논지에서 이루어졌다. 이제는 이러한 전제 위에서 생존 투쟁을 벌이고 있는 성소수자의 역능 양상에 초점을 맞추는 건 어떨까? 다시 말해 성소수자 옹호, 운동, 생존을 타율적으로 조명하기보다는 그 역동성을 신학적으로 조명하는 방식 말이다. 이것이 앨라이의 숙명이면서, 동시에 민중신학이 그리스도의 역할이라 말하는 '강도 만난 사람'의 현장이다.

민중신학에서 이를 어떻게 이해할 수 있을까? 특히 '죄인'과 '강도 만난 사람'에 대한 민중신학적 해석, 그리고 성소수자를 옭아매는 신자유주의의 우아한 위선 위에서 이해하는 작업이 필요할 때이다. 또 퀴어링 방법론이 소수자 스트레스에 맞서면서 무엇을 망각하고 무엇을 어떻게 무지개처럼 색칠하는지 신학적으로 증언하는 것이 절실하다.

1. 민중신학의 민중론

민중은 누구인가?

민중신학의 민중론에 대한 오래된 질문, "민중신학이 말하는 민중은 누구인가?"라고 묻는다면, 두 가지로 함축하여 답변할 수 있다.

1 민중은 '죄인'과 '강도 만난 사람'이다.
2 민중은 정의될 수 없다.

첫 번째 답변은 민중의 성격을 정의한다. 민중신학자 서남동에게 민중은 '죄인'이다. 여기서 죄인은 그야말로 범법자가 아니라 지배자에게 죄인으로 선고받은 억울한 이들이다. 한편 지배자는 제도와 율법(규범)의 잣대로 이들을 죄인으로 규정하며 사회를 조절하고 관리한다.[02] 민중신학자 안병무 역시 서남동과 마찬가지로 민중을 "사회에서 정죄받은 이른바 죄인들"[03], "권외에 있는, 권리를 향유하지 못하는 자들"[04], 즉 "구조악"[05]에 의해 제도와 규범 바깥에 내몰려 비자발적으로 사회의 취약한 지점에 내몰린 자들로 이해한다.[06]

'강도 만난 사람'은 한 뼘 더 나아간다. 그가 바로 그리스도다. '강도 만난 사람'은 서남동이 착한 사마리아 사람의 비유(누가복음 10:25-37)에서 발견했는데, 강도 만난 사람에게 자비를 베푼 착한 사마리아 사람 같은 이웃이 되자는 규범적 해석을 뒤틀어 강도 만난 사람이 그리스도의 역할을 담당했음을 밝힌다. 강도 만난 사람의 고통스러운 신음 소리(한, 恨)가 세상에 요청하는 그리스도의 부름이며, 이를 수행한 강도 만난 사람이 곧 그리스도(역할)라는 것이다.[07] 요컨대 민중은 제도와 규범으로부터 낙인찍혀 주도성과 권리를 가질 수 없는 존재이지만, 동시에 고통 속에서 이 세상에 그리스도의 사건에 동참할 것을 요청하고 이를 통해 이 세상을 구원하는 그리스도다.

이처럼 민중신학의 민중론은 민중을 성서와 현재의 사건 속에서 포착한다. 따라서 대단히 현장적이고 사건적이다. 이뿐 아니라 고통에 몸부림치는 신음 소리, 그 구원 사건에 합류할 자리, 도리어 제도와 규범의 죄 생산에 질문하며 그리스도 사건에 여백을 둔다. 심지어 그리스도라는 기표에도 말이다. 그래서 민중신학의 민중론에 있어 민중은 독자/목격자가 응시하는 자리라기보다는 개입해야 하는 현장이다.

다음으로, "민중은 정의될 수 없다"는 두 번째 답변은 "민중은 '죄인'과 '강도 만난 사람'이다"라는 첫 번째 답변과 일견 모순되어 보이지만, 민중을 민중사건 속에서 식별할 수 있는 역설과 민중의 자기초월 역량에 방점을 둔다.[08]

> "민중이 무엇이냐?" 하고 누가 물어올 때, 저는 민중을 한 마디로 말한다는 것을 거부하고 있어요. 서구의 학문은 모든 것을 개념화해서 파악하죠. 나는 그렇게 하지 않아요. 민중을 설명하면 개념이 되고, 개념이 일단 성립하면 그 개념은 실체와 유리된 것이 되어버려요. (…) 민중에 관해서 내가 특별히 주목하고 있는 한 가지 점은, 민중은 '자기초월'을 할 능력을 가지고 있다는 사실입니다. (…) 근로자들, 학생들, 그들의 어머니들을 봐요. 그들은 그 고통을 자기가 당할 필요가 없는데, 그리로 뛰어 들어가지 않아요? 그것이 자기초월의 사건입니다.[09]

민중신학자 정용택은 가능성과 지속성이라는 두 성격을 중심으로 민중의 자기초월 역량을 설명한다. 정용택이 보기에 민중의 자기초월은 "언제든 구현 가능한 기능"으로 인지되는 "가능성"이다. 안병무는 이미 고통 가운데로 뛰어들어 연대하는 "근로자들, 학생들, 어머니들"[10]을 포함해 수많은 민중의 자기초월 사건을 목격했다. 그러나 그는 민중의 자기초월 능력을 이미 목격했거나 성취한 사실이 아닌 가능성의 영역으로 남겨 둔다. 이는 그가 주지하듯 동시대에 적절성과 타당성을 입증해야 하는 개념화의 일환에서 벗어나 자기초월의 성격에 지속성을 담보하기 위함이다.[11] 따라서 민중의 자기초월 역량은 "지배 체제를 끝장내고 새로운 체제로의 전환을 이루어야 한다는 강한 역사의식"이자, 동시에 종말론적인 미래의 가능성으로서의 미래의 가능성이다. 또 우리가 개입할 사건의 여백을 열고, 민중/그리스도의 기표마저 비워 두며 다시금 그 사건에 등장하는 지속성으로 이해될 수 있다.

지금까지 "민중신학이 말하는 민중은 누구인가?"라는 질문에 대한 민중신학 민중론의 두 가지 답변을 통해 민중의 성격과 민중사건을 매개하는 민중의 자기초월 역량을 파악했다. 또한 민중이 사건의 여백에 '우리의 운동과 연대는 멈출 수 없다'는 불가피성을 기입하고 있는 변혁적 가능성으로도 역할하고 있음을 알 수 있었다. 이러한 이유로 민중신학 민중론은 죄와 고통을 구원의 선제 조건이 아니라, 구원을 내포한 메시아 사건으로 볼 수 있는 것이다.

사건 바깥의 민중

그렇다면 민중사건에서 보이지 않는 민중은 민중이 아닌가? 개인의 일상 영역에서 벌어지는 고통에 신음하는 사람들 말이다. 민중신학자 김진호에게 민중사건은 이미 사건의 역동성을 담보하는 돌발성과 사건적 실체로 포착되지 않지만 각 개인의 일상으로 분산되어 있는 일상성을 함축한다. 따라서 민중을 이해하는 데 있어 그 고통의 현장을 사건과 일상으로 구분하는 것은 관건이 아니며, "권력의 착취의 상황"의 여부라는 대전제가 중요하다.[12]

더 나아가 김진호는 신자유주의적 지구화 시대에서 끊임없이 민중을 양산하는 사회적 현장, 즉 '배제의 메커니즘'에 의한 일상에서의 사회적 고통에 주목했다. 여기서 민중을 양산하는 체제, 즉 배제의 메커니즘은 거시적인 영역에 국한되어 있기보다는 일상의 영역을 포함하는 "총체적 삶의 모든 영역"에서 시민의 내면화된 욕망이 변모하여 사회적 고통을 양산하고 있다. 그래서 민중은 존재하면서 식별되지 않는 "비존재의 존재"로, 내부에 속해 있지만 권리를 박탈당해 그 권한을 행사할 수 없는 "내부의 외부자"로 존재한다.[13] 사회는 민중을 특정할 때 온갖 결격사유를

들이대어 이들을 일상의 영역에서까지 외부인으로 낙인찍고 취약한 처지로 내몬다. 이 지점에서 사건적 실체로 포착되지는 않지만 각 일상에서 권력의 폭력에 의해 고통스런 삶을 살고 있는 민중의 삶의 맥락이 드러난다.

여기서 주목할 점은 그 배제의 동력이 추방에만 있는 것이 아니라, 끊임없이 안으로 끌어들이는 포섭에도 있다는 사실이다. 김진호는 민중의 또 다른 민중사건의 맥락인 일상이 사건적 실체로 식별되지 않는 것이 바로 이 이유에서라고 말한다. 이러한 포섭의 동력은 '시민의 시장화'로 작동한다. 신자유주의적 지구화 시대에서 민중은 곧바로 추방되지 않고 소비사회의 경합 논리에 따라 은폐되는 시민의 시장화에 파묻힌다.[14] 신자유주의적 지구화 시대가 이룩한 소비사회는 민중을 정당한 경쟁에 참여하는 소비자로 유치한다. 또 그들이 경쟁에서 밀려나면 '패배자'로 낙인찍고 주변부로 배치한다. 심지어 경쟁을 권장함으로써 민중을 양산한다. 이런 점에서 민중은 포섭과 배제가 상호작용하는 사회의 동학에 위치하고 있는 셈이다.

이처럼 민중은 죄인과 강도 만난 사람의 존재 방식으로 권력 외부에서, 때로는 내부에서 비자발적으로 추방된 존재다. 추방의 논리가 포섭과 배제로 부단히 변모하며 그들의 독점 권력을 공고히 할 때, 민중은 권력의 폭력이 존재하는 한 자기초월을 통해 새로운 시대를 여는 종말론적 기능도 도맡고 있다. 그것이 도드라진 사건이든 일상이든 말이다. 또 신자유주의적 통치는 사회제도와 규범 권력의 독점적 위치를 선점한 채 '패배자'를 끊임없이 추방하고 유치하는 톱니바퀴를 돌리고 있다. 이것이 민중신학의 민중론이 비판하는 민중사건의 포괄적인 장, 신자유주의적 통치다.

남 탓하는 신자유주의

민중은 포섭과 배제, 그리고 추방의 동력에 따라 이 사회의 한복판에서 수시로 동원되면서도 시도 때도 없이 배제되는 불안정한 위치에 놓여 있다. 심지어 신자유주의 사회는 그들을 경합에서의 패배자로 인지시켜 추방한다. 그 양상을 '포섭적 배제'와 '자기-경영적 주체'라는 신자유주의적 통치의 내재화 원리로 더 자세히 분석할 수 있다.

사회학자 지그하르트 네켈Sighard Neckel은 포섭과 배제가 상호작용하는 동력을 '포섭적 배제'라 칭한다. 포섭적 배제는 문화적 잡식성cultural omnivorousness의 바탕에서 다양성을 통해 많은 문화를 과시적으로 포괄하여 다양한 문화 속에서 우위를 가리는 사회적 배제의 새로운 형태다. 과거처럼 폭력적인 배타성으로 배제하지 않는다는 점에서 대중에게 관용의 덕목으로 다가오기도 한다. 하지만 이 잡식성은 점차 포식성의 모습을 띤다. 수많은 가치와 문화를 사회 내부로 끌어들이지만, 대중성을 획득하지 못한 것은 곧이어 '열등한 것'으로 치부하여 솎아낸다. 그런 점에서 역설적이다. 포용과 배제를 하나의 논리 위에서 다룰 뿐 아니라 그것을 숨기지 않고 전시하고 과시하기 때문이다.[15] 이렇게 사회적 합의를 표방한 신자유주의적 통치의 또 다른 형식은 포용력을 보여주고 최대한 많은 것을 자신들의 표지로 활용한 뒤, 배제의 원인을 경쟁에서 밀려난 자들에게 전가한다. 또 이것을 선택한 소비자 시민의 책임으로 돌린다. 이로써 배제의 폭력성을 가리고 합리성을 취득하여 그 논리를 강화한다.

이 논리는 대중의 몸에 내장되어 더욱 교묘해진다. 정치철학자 사토 요시유키佐藤嘉幸가 말하는 자기-경영적 주체가 바로 이 지점에서 제기된다. 그는 신자유주의적 통치가 개별화되고 몸에 내재화된 상황을 밝히며, 오늘날에는 모두가 자기-경영적 주체로 살아가고 있음을 강조한다. 자기-경영적 주체란 시장의 원리를 내면화한 신자유주의 사회의 전형적인 인간형을 가리킨다. 사람들은 기업을 관리하듯 자신의 몸에 투자하고, 경쟁력을 증명하는 경주에 스스로를 내맡긴다.[16]

이러한 자기-경영적 주체화를 가능케 하는 배경으로 '환경 권력' 개념이 주요하다. 환경 권력은 규율 권력과 같이 개인을 직접적으로 통제하며 관리하는 방식이 아니라, 우연적 요소들이 일종의 규칙에 따라 운영되는 환경에 의해 간접적으로 관리되는 방식을 지향한다. 따라서 신자유주의 사회에서 사람은 자신의 능력과 의지가 삶에 전적인 영향을 끼치기 전에 자신을 둘러싼 환경의 우연적 요소에 의해 미리 영향 받는다.[17] 이는 거시적 권력의 통치가 미시적 차원의 영역에서 시민의 규범에 공명하는 시민 모집단의 합의와 동의가 환경을 구성하고 우연을 조절할 권리를 위임받았다는 주장까지 도달할 수 있다. 왜냐하면 환경은 합의와 동의를 조절하는 거시적 권력의 일방적인 통치만이 아니라, 소비 주체로서 사람의 취향과 의지에 따른 합의와 동의의 호응이 있어야만 작동 가능한 우연적 세계이기 때문이다.

자기-경영적 주체를 포섭적 배제의 틀에 위치시키면 혐오의 동력이 파악된다. 첫째로 사회의 문법이 관할하는 승리와 패배, 성공과 실패의 이분법적 논리 틀에서 이성애중심주의적 규범을 승리와 성공의 틀에 독점하도록 용인한다. 둘째로는 이 과정을 과시해서 포용력을 얻고, 선고를 내림으로써 독점을 공고히 하는 체제 유지가 가능해진다.

더욱 문제가 되는 것은 포섭적 배제의 토대 위에 존재하는 자기-경영적 주체가 혐오를 내재화한다는 점이다. 외부에서 가해지거나 스스로를 검열하는 폭력으로서의 혐오가 이 논리 위에서 제기될 수 있다. 외부에서 가해지는 폭력으로서의 혐오는 각자도생으로 서로를 공격하고 승리를 쟁취하기 위한 도구로 표출된다. 그렇게 사회적 관계는 뒤틀리며 타자의 처지에 대한 이해나 공감 없이, 관용으로 분절된 개인의 구역을 공고히 하고 그 틈새에 혐오를 끼워 넣는다. 그렇게 백래시backlash(사회 변화 등에 대한 대중의 반발)가 힘을 얻는다. 그리고 실패자로 낙인찍힌 민중을 "반대하지는 않지만, 내 주변에 없었으면 좋겠어"와 같은 약은 방법으로 내부의 주변부로 추방한다. 한편 스스로 검열하는 폭력으로서의 혐오는 외부로부터의 경험이 누적되어 내면의 방어기제 내지는 자기 이해로 굴절되어 자리한다. 패배감이 비자발적으로 내재화되는 것이다. 사회는 이들을 당연한 이치에서 탈락한 실패자로 전시하며, 그들이 관할하는 제도와 규범이 우위 싸움에서 승리했기에 독점 상태를 유지할 수 있다는 합리성을 내세운다.

김진호가 주지하듯 민중이 사건적 실체로 발견되지 않을지라도 그 혐오의 동력은 더욱 교묘하게 자기-경영적 주체로 길들여진 모두의 몸에 기생한다. 그렇게 민중은 포섭적 배제의 논리가 삶의 논리로 치환된 신자유주의적 통치 맥락 속에서 삶을 영위한다는 감각과 살아내야 한다는 생존 투쟁의 위기감이 구분되지 않은 채 사회에 전시된다.

이러한 맥락에서 민중신학이 다음으로 주목해야 할 것은 생존이다. 민중을 실패자로 전시하고 사회에서 격리시키는 폭력이 생존을 위협하고 있기 때문이다. 폭력의 시대 속에서 해방을 성취하는 민중의 자기초월 역량이 바로 이 생존을 위협하는 권력에 의해 억제되고 있기에 생존에 초점을 모으는 것이 불가피하다. 살아내는 것이 숙명으로 내몰린 상황에서, 민중신학은 민중을 옥죄는 생존을 향한 투쟁에 사명을 보여야 할 시점이다.

2. 광장과 소수자 스트레스

성소수자들은 이성애 중심주의에 맞서 분투하고 있다. 그 현장은 잠식하다 못해 포식하며 고통을 전시하고 여기서 발생하는 혐오 동력을 각 개인에게 내재화시키는 사회다. 또 민중신학이 민중론을 이해하고 부단히 개입해 온 사건의 한복판과 그리 멀리 떨어지지 않은 곳이다. 신자유주의적 지구화 시대 속에서 포섭과 배제가 이 경쟁 사회의 독점 욕망에 합리성을 쥐여 주었고, 이성애 중심주의가 이 새로운 폭력 구조의 핵심 역할을 도맡고 있다. 따라서 민중신학은 이성애 중심주의의 폭력 구조 위에서 민중을 증언하고 이성애 중심주의를 해체하는 신학적 작업을 수행해야 한다.

다시 강조하자면 성소수자는 이성애 중심주의라는

독점 권력과 맞서 싸운다. 성소수자는 이성 간 결혼, 지정 성별에 맞춘 외모 가꿈, 무난한 병역 의무 이행과 같이 이성애 중심주의에 의해 독점된 세상의 문법에 자신을 끼워 맞추기보다는 기꺼이 불화한다. 퀴어와 앨라이는 이를 저항이라 말하고, 세상은 실패라 낙인찍는다.

신자유주의의 약은 전략은, 한 사람의 생존을 권력이 직접적으로 갈취하지 않고 당사자에게 맡기는 것이다. 권력은 손을 떼고서 시스템을 통해 우연을 조장하여 끝끝내 삶을 포기하게끔 옥죄는 환경을 조성한다는 점에서 끔찍하다. 환경 권력의 끔찍한 폭력은 드러나지 않고 대개 비가시적으로 작동하고 있다. 소수자 스트레스와 퀴어문화축제의 상관관계에 주목해야 하는 것이 바로 그 이유이다.

소수자 스트레스와 성소수자 건강 문제

소수자 스트레스minority stress는 쉽게 말해 '소수자이기 때문에 받는 (사회적) 스트레스'를 가리킨다. 여기에는 소수자가 겪는 사회적 낙인과 편견, 그리고 이성애 중심주의에서 경험된 박탈감이 중첩되어 있다. 소수자 스트레스는 다음의 세 가지 성격으로 구체화된다. 첫째는 독특성이다. 독특성은 일반적인 스트레스에 소수자이기 때문에 받는 스트레스가 가산되는 소수자 스트레스의 독특한 성질을 말한다. 둘째는 만성성이다. 소수자 스트레스는 개인이 쉽게 바꿀 수 없는 사회 구조와 제도적 환경에서 비롯되며, 이러한 구조적 조건의 지속성은 스트레스를 일시적인 것이 아닌 장기적이고 반복적인 경험으로 만든다. 셋째는 사회성이다. 이는 소수자 스트레스가 일반적인 스트레스처럼 생물학적 이유 혹은 유전적인 이유가 아니라 사회적, 제도적 구조에서 비롯되었음을 말해 준다.[18] 요컨대 소수자 스트레스는 불특정 다수 모두에게 사회적 요인에 의한 영향을 끼치는 사회적 스트레스에 더해, 소수자에게 가해지는 편견과 낙인이 중첩된 '소수자이기 때문에 받는 스트레스'다.

이 이론을 주요하게 제기한 일란 마이어Ilan H. Meyer는 소수자 스트레스가 성소수자에게 편견, 낙인, 은폐, 내면화된 동성애 혐오라는 네 가지 방면으로 경험된다고 주장한다. 먼저 '편견의 경험'은 소수자가 속한 집단과 관계에서 불안전성을 느끼게 한다. 이것은 소수자를 고립시키는 폭력으로 기능한다. 마이어는 일례로 GLSENGay, Lesbian & Straight Education Network[19]에서 미국 성소수자 청소년을 대상으로 실시한 설문조사를 소개한다. 이 조사에서 응답자의 61%는 학교에서 언어적, 신체적 괴롭힘과 성희롱을 경험했고, 그중 90%는 학교에서 성소수자 혐오 발언을 자주 들었다고 답했다. 다음으로 '낙인의 경험'은 거절당할 가능성을 미리 판단하여 경계심을 유지하게 한다. '은폐의 경험'은 편견과 낙인의 경험에 의해 자신의 정체성을 숨기는 행위로 이어진다. 이는 소속감과 자존감에 부정적인 영향을 끼쳐 스스로를 고립시키고 자기 보호와 멀어지게 만든다. 마지막으로 '내면화된 동성애 혐오의 경험'은 은폐의 경험이 극대화되어 나타나는 것으로, 편견과 낙인을 내재화하여 자기검열 또는 자기혐오와 같은 내적 갈등을 일으킨다. 마이어가 제시한 소수자 스트레스의 특성과 경험은 사회적인 영향이 지속됨에 따라 편견과 낙인을 소수자에게 내재화하여 만성적인 피해를 일으킨다.[20]

그렇다면 소수자 스트레스의 근원인 사회적 요인을 어떻게 해결할 수 있을까? 아르얀 반 데르 스타Arian van der Star는 소수자 스트레스와 사회정치적 환경의 상관성에 주목한다. 동성혼 법제화 소식이나 성소수자에게 적대적인 광고 같은 사회정치적 환경들이 성소수자 괴롭힘 수치, 성소수자 청소년 자살률, 여성 성소수자의 활동 빈도수 등과 같은 성소수자 개인의 삶의 맥락과 건강에 지대한 영향을 끼친다는 것이다. 이처럼 성소수자가 경험하는 낙인의 정도와 경험 빈도는 사회 정책과 문화에 따라 차이를 보인다.[21] 또 성소수자가 이성애자에 비해 섭식 장애 위험이 높다는 연구[22], 차별금지법 및 의료 정책에 부정적인 지역에 거주하는 성소수자 청소년의 흡연율이 높다는 연구[23], 사회적 낙인의 경험이 성소수자의 노화를 가속화하지만 친구의 사회적 지지가 그것을 지연시킨다는 연구[24] 등이 있다. 소수자 스트레스와 성소수자의 건강의 상관성에 대한 연구에서 하나같이 강조하는 것은 사회적 낙인이 성소수자에게 혐오를 내재화시키고 건강에 부정적 영향을 끼치지만, 친구와 동료의 사회적 지지와 사회정치적 환경이 '살아 낼 수 있는 힘'을 준다는 점이다.

그러나 가장 심각한 것은 자살이다. 성소수자 건강 불평등연구 프로젝트 팀 레인보우 커넥션 프로젝트에서 2017년 작성한 '한국 동성애자·양성애자 건강불평등' 자료에 따르면, 성소수자의 자살 생각과 자살 시도 빈도는 이성애자의 빈도와 현격한 차이를 보인다. 동성애자/양성애자 남성은 이성애자 남성에 비해 자살 생각 빈도가 9.09~10.93배 높았고, 동성애자/양성애자 여성은 이성애자 여성에 비해 6.25~8.08배 높았다. 자살 시도는 더 큰 차이를 보인다. 동성애자/양성애자 남성은 이성애자 남성에 비해 26~38배 높은 자살 시도를 했고, 여성은 7~10배 높다. 요컨대 소수자 스트레스가 자기혐오와 검열을 넘어서 자살까지 시도하게 하는 대단히 폭력적인 기제로 성소수자 몸 안에 내재해 있는 것이다. 이처럼 소수자 스트레스 연구는 신자유주의적 통치가 유발하는 사회적 배제에 의해 불특정 다수가 받는 스트레스에 더하여, 소수자이기 때문에 받는 스트레스가 중첩되어 낙인과 자기혐오라는 다층적인 폭력을 성소수자가 고스란히 짊어지고 있음을 고발한다. 또 소수자에게 가해지는 사회적 폭력이 스트레스라는 표본으로 식별되면서도 부단히 은폐되면서 동시에 건강과 생존 문제로 결국 가시화되고 있음을 파악할 수 있다.

퀴어문화축제와 성소수자

그런데 흥미로운 연구가 있다. "퀴어축제 환영 받는 도시에선 청소년 마약·자살률도 낮다"[25]는 것이다. 시민건강연구소의 이혜민은 미국에서 발표된 연구를 토대로 이 논지를 전개한다. 미국 연구에 따르면 퀴어문화축제, 트랜스젠더 추모의 날, 성소수자 부모 모임이 열리는 도시에서는 청소년 성소수자의 약물 사용률과 자살률이 낮다. 성소수자에게 환대적인 행사와 모임을 개최하면 성소수자에 대한 사회적 지지와 친밀감이 상승하여 청소년 성소수자의 건강에 긍정적인 영향을 끼친다는 것이 이 연구의 골자다.

이처럼 이혜민은 성소수자의 건강과 사회정치적 환경

의 상관관계를 성소수자에게 환대적인 행사와 모임의 효과 분석을 통해 구체적으로 파악한다. 익히 알고 있듯이 퀴어문화축제는 "말 그대로 성소수자들과 그들을 지지하는 사람들의 축제"다. 또 "이날 하루만큼은 온전히 자기 자신으로 살 수 있"고 "사회에 성소수자들이 함께 살고 있다는 사실을 알리는" 해방적 시공간이다.[26] 이 때문에 성소수자에게 환대적인 행사와 모임은 성소수자 스스로를 안전한 구역에서 가시화하여 이성애 중심주의적 규범을 해체하는 정치적 효과로도 기능한다. 특히 퀴어문화축제는 신자유주의적 통치의 한복판에서 퀴어 정체성을 가시화함으로써 성소수자를 고립시키고 퀴어 정체성이 개인이 감내해야 하는 비사회적 분야임을 역설하는 사회의 문법에 정면충돌을 불사한다. 이러한 충돌은 퀴어 정체성이 개인적인 것이라는 탈정치화 전략, 스스로 노력하여 이 생존 싸움에서 생존하고자 하는 자기-경영적 주체의 성공 전략과 부딪혀 일어난다.

먼저 탈정치화 전략은 퀴어문화축제가 열리는 광장이 가지고 있는 관용 정신, 즉 너그럽고 용서하는 도덕적 태도로 정의되어 왔던 기존의 이해와 구분되는 신자유주의적 통치 전략에서 비롯된다. 웬디 브라운Wendy Brown에게 관용은 이질적으로 보이는 가치관과 존재의 타자성을 유지한 채 내부로 편입시킴으로써 자유주의의 형식적인 자유로 기능하는 탈정치화된 (다문화제국의) 신자유주의적 통치 전략이다. 이 편입은 관리를 목적으로 한다. 다시 말해, 동질성의 원리에서 모든 시민에게 동등한 대우를 해야 한다는 자유주의적 평등이 사회의 '차이들'을 해결하지 못한 채 곧바로 은폐시키는 관리다.[27] 이질적으로 존재하는 타자를 관리하기 위해 규범 안으로 초대하는 시혜적인 전략은 타자가 가지고 있는 차이를 포용하는 것과는 역시나 거리가 멀다. 차이를 포용하고 존중하기보다는 조절하고 물화시킨다. 그렇게 내부로 편입된 타자는 타자성을 유지하며 반영구적으로 이질적인 존재로 표기된 채 외부인으로 존재한다. 심지어 이 외부인은 형식적인 자유와 평등의 성취 결과로 전시된다.[28]

광장은 이러한 탈정치화 전략을 함축하고 있다. 특히 2023년 서울시가 서울퀴어문화축제의 서울광장 사용을 불허했던 것이 탈정치화 전략의 대표적인 사례다. 서울시는 퀴어문화축제가 "사회적 갈등 유발이 우려되는 행사로 박물관 운영 및 관람에 지장 초래"[29]를 이유로 광장 사용을 불허했다. 여기서 서울시는 중립성을 내세웠다. 오세훈 서울시장은 이 결정이 공공장소 이용 원칙을 따른 공정한 결론이며, "이번에는 신청이 경합되어 규정대로 조정을 시도했으나 불발됐고, 약자라서 우선순위를 준다는 차원에서 접근할 문제는 아니었다"[30]고 밝혔다. 그 자리에서는 공교롭게도 같은 날에 서울광장 사용을 희망한 CTS문화재단의 '청소년·청년 회복 콘서트'가 열렸다. 서울퀴어문화축제는 2023년부터 똑같은 이유로 똑같은 단체에게 두 번이나 '경합'에서 밀렸다. 이는 포섭적 배제에서 살펴보았듯이 소수자들을 우위 싸움에서 탈락시키고 이들을 전시하여 합리적인 결정인 양 포장하는 전략과 흡사하다. 무엇보다 서울시가 "선정적인 행위"를 막고 "청소년들의 바르게 커야 하는 성문화에 대한 인식"과 "보고 싶지 않아 하는 권리", 즉 공익을 지킨 중립성의 승리로 발표했음에도, 이러한 조치는 어디까지나 사회를 조절한 것으로밖에

보이지 않는다.[31]

　이처럼 모순적이게도 서울시는 공공의 이익을 고려한다는 탈정치적 명분으로 사회적 차이를 가시화하는 퀴어문화축제를 허가하지 않는 정치적 선택을 단행했다. 서울퀴어문화축제가 공익에 관한 경합에서 밀려난 행사로 결격사유를 그들에게 덧씌운 채 말이다. 이렇듯 탈정치화 전략은 정당한 경합을 내세우며 독점 권력을 강화한다. 관용을 앞세운 서울시의 신자유주의적 통치 전략은 역시나 잠식적으로 사회적 차이, 공익, 그 무엇이든 내부로 포섭하되 주변부에 배치함으로써 독점 권력의 승리를 공공연하게 전시했다. 하지만 서울퀴어문화축제는 이에 승복하지 않고 을지로라는 외부를 자신의 또 다른 내부로 전유해 자긍심을 성취했다.

　청소년·청년 회복 콘서트에 광장을 '양보'한 서울퀴어문화축제는 내부로서의 광장이 아닌 외부로서의 을지로에서 개최되었다. 서울의 바깥은 아닐지라도 내부도 아닌 그곳에서 말이다. 개최 공간은 달랐지만, 허성원이 주지하듯 퀴어문화축제는 퀴어와 앨라이가 유대를 기반으로 광장에서 "떳떳하게 '우리'와 '우리를 지지하는 시민'들이 어우러질 수 있는 공간"에서 이질적이라 낙인찍혀 온 자신의 지향을 드러내는 현장이었다. 또 "공적 공간에서 성소수자가 나타나서는 안 된다는 이성애 규범적 담론에 도전"하는 해체적 저항이었다.[32]

　이렇듯 퀴어문화축제는 "하루만큼"을 온전히 자신을 드러내고 느끼며 해방적 시공간을 창조했다. 또한 비록 연례 행사로 일회적 성격을 띠고 있지만, 축제를 매년 반복함으로써 이 창조적 행위가 일상으로 확장되는 지속의 가능성까지 제시하고 있다. 한편으로 이것은 과제이기도 하다. 퀴어문화축제 '그 이후'라는 지속의 가능성 말이다. 퀴어문화축제의 시간성은 "하루만큼"으로 구획되어 있고, 공간성은 허가된 공간으로 한정된다. 여기서 성소수자는 해방과 자유를 느끼는 찰나를 경험하고, 다시금 자신의 사회적 위치를 재확인하게 된다. 신자유주의가 경쟁의 동력이 크다지만, 성소수자는 무엇보다 여기서 이성애 규범이 시간과 공간을 독점하고 있다는 사실, 성소수자의 운동은 신자유주의의 경쟁 구렁텅이에 더해 이성애 규범의 독점 권력에 저항하고 있다는 사실을 재확인한다. 또한 퀴어운동은 투쟁을 통해 이성애 중심주의를 공고히 하는 신자유주의적 통치의 통과의례적 게임을 들추어낸다.

퀴어는 이 투쟁의 연속에서 쳇바퀴를 도는 듯한 공허함을 느낄 수 있으나, 이는 퀴어문화축제가 가지고 있는 한계는 아니다. 신자유주의적 통치 체제의 한계다. 오히려 퀴어문화축제는 퀴어를 내부의 외부에 배치하려는 관용정치의 외부화 전략을 폭로한다. 아울러 퀴어문화축제에서 경험한 성소수자의 해방성이 일상적 지속성을 담보함으로써 사회적 지지를 반복 경험하여 내면화하는 계기, 건강한 삶의 시발점을 마련한다.

성소수자가 퀴어문화축제 이후에 걷는 그 골목길과 그 시간도 투쟁의 대상이다. 리베카 솔닛Rebecca Solnit은 (유비적) 걷기가 가지는 힘을 제시한 바 있다. 그에게 길은 흔적을 남기고, 물리적 차원으로서의 걷는 공간은 기억의 대상이 된다. 그렇게 걷기는 기억을 만들고 추억을 만든다.[33]

일상을 탄탄히 뒤받치는 추억은 그가 걸었던 골목과 그 시간을 온전히 기억에 담은 채 소장된다. 성소수자 커플이 퀴어문화축제를 경험한 이후에 걷는 골목길은 빠르게 통과해야 하는, 시행착오가 잠재된 공간이 아니라 데이트 코스가 된다. 그렇게 그들은 아기자기한 바bar의 창가 자리를 욕망하고, 그곳에서 나란히 앉아 어깨를 감싸도 아무렇지 않은 일상적 해방을 쟁취한다. 마치 늦은 밤 종로3가 골목길 같은 곳, '타이완 프라이드' 이후의 타이베이 시먼딩 큰길가 같은 곳처럼 성소수자는 낙인과 방해를 딛고 삶을 창조한다.

결국 생존

결국 생존의 문제였다. 신자유주의적 통치가 생명을 탈정치적 정치의 토대 위에서 길들였다. 이 생사여탈권을 거대 권력이 직접적으로 쥐락펴락하기보다는 대중에게 맡겨 경합시키는 방식으로 외주화했다. 이 굴레에 놓인 당사자는 극심한 스트레스로 건강이 악화되고 극단적으로는 자살에 이르는 상황으로 내몰리게 된다. 이 폭력적인 현실은 명백히 독점 권력의 공고한 위치를 보여 준다. 하지만 신자유주의적 통치는 이를 응당한 경합과 우연의 결과로 일축한다.

반복하자면 생명정치, 비참하고 끈질기게 살아 내도록 내버려두는 생명이 정치화된 사회에서 우리는 결국 민중신학의 민중론과 성소수자가 당면한 문제가 생존이라는 화두에 맞물려 있음을 발견했다. 그렇다면 이제 우리는 무엇을 증언하고, 해체하고, 창조해야 할까?

3. 죽임을 넘어 부활로, 민중신학과 퀴어링이 교차하는 곳

신자유주의적 통치는 생존을 탈정치화하면서도 방관하고 추동하며 독점 권력을 공고히 하고 있다. 죽임의 권력이 스스로 칼을 손에 쥐고 있기보다는 결격사유를 죄목으로 들어 민중, 특히 성소수자에게 스스로 생사를 선택하게끔 외주화하고, 남의 탓을 한다. 생존을 포기하든 은둔하든 그 선택과 책임을 당사자에게 전가하고, 그 폭력을 '패배자'의 눈물로 동봉한다. 또 그 과정과 결과를 '사회적 합의'나 '공공의 이익'을 따진 것으로 해석하기에 급급하다. 죽이지 않지만 비참하게, 또 행복하지 않지만 끈질기게 살아남도록 내버려두는 남 탓 하는 사회, 즉 신자유주의적 통치의 생명정치[34]는 결국 이성애 중심주의 권력의 독점을 용인하고 그 궤도에 속하지 않는 성적 지향들을 솎아낸다.

그 한복판에서 퀴어와 앨라이가 분투하고 있다. 이성애 중심주의라는 독점에 불화하고 있다. 퀴어링은 퀴어운동의 저항 방법론, 불화의 문법으로 새로운 틀을 창조하는 세계관으로 이해되고 있다. 또한 이성애 중심주의적 체제를 해체하는 것뿐 아니라 젠더와 섹슈얼리티에 관련된 이분법적 이해의 잔여물을 비판적으로 분석한다. 여기서 핵심은 비판과 동시에 새로운 문법을 창조하는 데 있다. '퀴어'가 본래 경멸적인 단어였지만 성소수자의 존재 용어로 전유했듯이 말이다.

문학연구자 오혜진에게 퀴어링은 역사적 순간에 여성과 성소수자를 호명하고 편입시키는 "'부록'이나 '대안'

의 정치"가 아니라, 기존을 틀을 해체하고 새로운 양식을 발명하는 것이다.[35] 또 퀴어링은 수많은 정체성들을 봉합하고 잇대어 정상성을 만들고 그렇게 선별된 인정과 욕망이 인위적이고 변덕적인 것임을 포착할 때 사회에 드리워지는 '섬광' 같은 무지개다. 즉 퀴어링은 기존 사회가 인정하지 않는 찰나적인 실천을 통해 정상성의 질서를 교란하고 해방의 가능성을 드러내는 일종의 섬광 같은 시도인 것이다. 따라서 이것은 '공적 역사'와 대척점의 경계선에 서 있는 퀴어운동의 '해방적인 것'과 유사한 성격을 지닌다.[36]

잭 핼버스탬Jack Halberstam은 실패failure에서 퀴어운동의 가능성을 찾는다. 그에게 실패는 성공의 반대말이 아니다. 숨겨진 힘을 되찾는 것, 승자를 끌어내리는 전복적 상상력, 승자의 고급 이론이 아닌 이 위계적 계승을 거부하는 저급 이론, 신자유주의적 통치가 누락한 역사의 저항 방법이다.[37] 심지어 실패는 그 자체로 결과가 아니라, 규율 권력과 상식, 이성애 중심주의와 같은 덫에서 빠져나오는 길을 탐색하는 계기다.[38] 여기서 핼버스탬은 망각을 강조하는데, 망각은 성공과 발전 지향적인 규범과 상식의 성취로 설계된 과거와의 단절이다. 또 성공의 예비 상태인 미래의 굴레로부터 탈출을 감행하기 위한 퀴어한 방법이다.[39] 이 때문에 망각은 누군가에게는 배은망덕한 불효다. 하지만 퀴어에게는 자신을 둘러싼 실패의 낙인이 생명을 갉아먹는 죽임의 권력이 아니라, 나의 이야기를 새롭게 쓸 도화지이자 퀴어한 중력이다.

오혜진과 핼버스탬의 논지를 종합해 보면, 퀴어링은 새 판을 창조하고 실패의 낙인을 자신의 논리로 전유한다는 데 역점이 있다. 그것은 기존의 규범에 퀴어를 편입시키는 포섭이 아니라 기존의 규범을 망각하고 새로운 오늘과 현재를 설계하는 섬광 같은 무지개를 겹겹이 배치한다. 그렇게 퀴어링은 세상과 불화하고 전통에 불효함으로써 역사가 보증해 주지 않는 해방의 길을 퀴어와 앨라이의 유대에 의지해 서로 보증하며 새 문법을 창조한다. 그렇게 성소수자는 이제는 자신의 역사에서 무력한 이성애 중심주의 규범을 망각하고 생존하기를 택한다.

이처럼 퀴어링과 민중신학은 기존의 문법에 반역하고 역설적으로 사유한다. 세상이 실패자로 선언한 퀴어 속에서 대안을 찾는다. 또 이들에게 실패를 덧씌운 신자유주의적 통치의 각본을 망각함으로써 그것을 무력화한다. 죄인인 예수와 민중이 그리스도의 역할을 하고 이들의 부활을 증언함으로써 죽임의 권력을 무효 선언하는 것과 마찬가지로 말이다.

생존의 문제에 민중신학은 죽임을 넘어서는 '살림'과 부활신앙으로 응답했다. 안병무에게 살림은 권력의 폭력에 저항하는 민중신학적 운동이다. 이어서 그는 이렇게 촉구한다. "우리는 이제 이 죽음의 대열에서 탈출하자. 죽임의 문화를 단절하자. 죽음의 그늘 밑에 신음하는 사람들을 해방하자."[40]

여기서 부활신앙은 죽임의 권력이 죽음을 그들의 정치적 수단으로 도용하는 것을 막기 위한 살림운동의 구체적 성격으로 형성되었다.[41] 그것은 그 아무리 죽음일지라도 죽은 자(그리스도)와 자신의 사이를 끊을 수 없다는 울분이며, 죽임의 권력에 저항하는 정치적 신앙이었다.[42] 심지어 부활 예수에게서만 일어난 유일무이한 사건이 아니다. 여전히 오늘날에도 민중 가운데서 부단히 발발하는 사건이다.[43] 이것을 목격한 이들은 "물고 늘어지며" 부활을 증언하고, 이를 외면하지 않고 앨라이가 됨으로써 우리를 죽인 세력을 고발하겠다는 결단, 자신 역시 이 죽임에 가담하겠다는 사명을 고백한다.[44] 따라서 부활은 죽은 자와 산 자가 동시대에 있다는 선언이다. 또 민중을 죽인 시대가 "변혁을 겪도록 소환"하고[45], 죽임의 폭력이 무효하다는 것을 '결단'하는 신앙이다.

이런 점에서 "우리는 왜 슬플 때만 만나는가"와 같은 성소수자의 장례식장에서 퀴어와 앨라이가 마주하며 토로한 이 한탄도 더 이상 슬픔의 웅덩이에 매몰되지 않는 부활신앙이다. 실패와 퇴장으로 기억하는 사회와 불화하고, 그들의 생명을 물고 늘어지며 고故 육우당, 또 다른 이름 모를 퀴어와 함께 만날 아이다호IDAHO(국제 성소수자 혐오 반대의 날. 매년 5월 17일이다.)를 섬광 같은 무지개 빛깔로 나날이 만들어 가는 해방의 자리다.

종합하면, 민중신학 민중론과 퀴어링은 학문의 세계와 사건의 현장에서 연대하고 있다. 안병무가 민중 개념화 시도를 거부하며 "민중은 정의될 수 없다"라고 주장한 것과 마찬가지로, 잭 핼버스탬 역시 '망각'을 통해 실패를 규정해 온 규범의 역사를 거부한다. 이 둘은 과거로부터 누적된 개념이나 역사에서 독립된 현재와 미래를 구상하기 위한 시도라는 점에서 비슷하다. 물론 민중 개념화에 대한 거부는 민중사건을 강조하는 목적에 방점이 찍혀 있다는 점에서 '망각'과는 일정 부분 차이가 있다. 하지만 그 우회

하는 의도가 민중사건 속에서 민중의 실천적 행위로 발전되기 때문에 핼버스탬의 '망각'이 새로운 문법을 창조할 퀴어와 앨라이의 운동과 맞닿아 있다는 점에서 또 다른 접점을 발견할 수도 있다.

다음으로 민중론과 퀴어링은 비판의 대상을 공유하고 있다. 민중론이 비판하는 제도와 규범, 신자유주의적 통치 말이다. 민중론과 퀴어링은 동시대에서 민중/퀴어와 앨라이를 죄인으로 규정하는 지배자의 권력, 자기-경영적 주체로 길들이며 포섭하면서도 다시금 배제하는 이성애중심주의의 독점 권력에 대해 저항하여 민중의 자기초월 또는 퀴어링을 통한 해방과 연대를 증언하고 있다. 또 폭력의 내재화 측면에서 민중신학 민중론의 연구와 성소수자의 자기혐오와 자기검열을 건강과 생존의 문제의식에서 연결한 것은 또 다른 접합점이다. 민중신학 민중론과 퀴어링이 함께 개입하고 있는 신자유주의적 통치 속에서 성소수자의 자기혐오와 자기검열을 내재화하는 스트레스와 대척점에 서서 퀴어문화축제와 사회적 지지로 이들의 건강과 생존을 지키는 투쟁을 하고 있다는 조명 말이다.

✽✽✽

2024년 '10.27 한국교회 200만 연합예배 및 큰 기도회(이하 '10.27 연합예배')'를 주도했던 보수 개신교가 12.3 비상계엄을 옹호하며 극우주의의 중심축을 담당하고 있는 지금이다. 현재 한국 보수 개신교의 퀴어 혐오 담론은 단순한 종교 문제가 아니라 극우 정치와 결탁하여 전체 사회의 민주주의를 위협하고 있다. 10.27 연합예배는 이성애 중심적인 백래시를 반복했고, 12.3 비상계엄은 과거 우리 사회의 트라우마를 불러일으키며 독재를 소환했다. 두 권력의 능선, 우리는 이제껏 시차가 있다고 이해해 왔던 두 권력의 뒤섞임을 동시대성 위에서 마주하고 있다. 이 때문에 비판적 신학/신앙을 다시금 요청하고 있는 실정이다. 과거에는 국가 폭력의 직접적인 폭력으로 목숨을 잃었다면, 오늘날 성소수자는 환경 권력의 상대적으로 간접적인 폭력에 알아서 죽음을 선택하게 추동하는 암흑에 놓여 있다.

성소수자는 과거의 실패의 각본과 단절하고 새로운 중력을 창조하고 있다. 이 전유의 힘은 한편으로 성소수자의 생존을 위협하는 신자유주의적 통치가 실패했음을 역설적으로 드러낸다. 혐오 세력이 성소수자에게 "하느님은 당신을 사랑하십니다"라고 말하며 성소수자를 혐오함으로써 하느님의 사랑이 선별적이라는 모순과 하느님의 사랑이 도달하는 범위를 자의로 구획하는 신성모독을 스스로 실토하고 있듯이 말이다. 이를 딛고, 퀴어와 앨라이는 저마다의 자리에서 건강한 일상, 환대의 세상을 위해 오늘도 생존하고, 부활하고, 연대하고, 사랑하고 있다.

주

01 이 글은 다음의 글들을 보완했다: 유영상, 〈민중신학의 오클로스론에 대한 비판적 고찰〉, 한신대학교 신학대학원 석사학위논문, 2021; 유영상, 〈오클로스론과 퀴어링〉, 한국퀴어신학콜로키움, 2023.11.23.
02 서남동, 《민중신학의 탐구》, 동연, 2018, 273쪽.
03 안병무, 〈예수와 오클로스: 마가복음을 중심으로〉, NCC신학연구위원회, 《民衆과 韓國神學》, 한국신학연구소, 1987, 87~89쪽.
04 안병무, 《민중신학 이야기》, 한국신학연구소, 1987, 25쪽.
05 안병무에게 '구조악'은 사탄의 실체이며 민중을 죄의 굴레로 귀속시키는 체제를 말한다. 또 이 세계 모든 것이 하느님의 것인데 그것을 독점하는 죄, 하느님의 영역을 침범하는 죄를 "공의 사유화"라고 한다. 안병무, 위의 책, 194~204쪽.
06 특히 주목할 것은 세리, 죄인들, 병자들이다. 세리는 민족 공동체에서의 소외를, 죄인들은 이스라엘 사회의 정죄 시스템에 의해 폭력을, 병자들은 그 정결 시스템의 정결법과 저촉되어 부정한 존재로 낙인찍힌 민중이었다. 안병무, 〈예수와 오클로스: 마가복음을 중심으로〉, 95~97쪽.
07 서남동, 《민중신학의 탐구》, 141~143쪽.
08 안병무, 〈민족·민중·교회〉, 김진호·김영석 편저, 《21세기 민중신학》, 삼인, 2013, 167~168쪽.
09 안병무, 《민중신학 이야기》, 27쪽.
10 정용택, 〈금융화 시대의 민중신학에 관한 시론적 연구: 안병무의 '가능성(Möglichkeit)' 개념을 중심으로〉, 《신학사상》 199, 2022, 248쪽.
11 정용택, 앞의 글, 251~252쪽.
12 김진호, 《예수역사학》, 다산글방, 2000, 186쪽. 여기서 간과할 수 없는 건, 민중이 이런 상황에서 "권력 해체적 실천주체"로 역할한다는 것이다.
13 김진호, 〈'운동의 신학'에서 '고통의 신학'으로: 포스트-'1987년 체제'의 민중신학〉, 이상철 외, 《민중신학, 고통의 시대를 읽다》, 분도출판사, 2018, 336~339쪽.
14 김진호, 〈민중신학과 '비참의 현상학': 오늘의 오클로스를 묻다〉, 김진호 외, 《21세기 민중신학》, 삼인, 2013, 348쪽.

15 지그하르트 네켈, 〈포섭적 배제: 글로벌 금융계급의 사회적 구별짓기〉, 자흐베 파트리크 외, 《능력주의와 페미니즘》, 김주호 옮김, 사월의책, 2021, 77~90쪽. 덧붙이자면, 포섭적 배제의 방식에는 '탈범주화'와 '내생화'가 있다. 먼저 탈범주화는 개방성을 바탕으로 관용적인 상태에서 사회적으로 낯설고 비규범적인 것들을 습득함으로써 포식적으로 습득한 문화 양식들을 과시함과 동시에 개방적이지 못한 사회나 동네를 구별함으로써 상징적인 경계를 그어 우위를 가른다. 내생화는 본래의 것이나 외부의 비판을 자본주의 내부로 전유하여 융합하는 포섭을 말한다.

16 사토 요시유키, 《신자유주의와 권력》, 김상운 옮김, 후마니타스, 2015, 50~56쪽.

17 사토 요시유키, 위의 책, 71~74쪽.

18 Ilan H. Meyer, "Prejudice, Social Stress, and Mental Health in Lesbian, Gay, and Bisexual Populations: Conceptual Issues and Research Evidence", *Psychological Bulletin* 129(5), 2003, p.3.

19 LGBTQ+ 청소년의 사회적 포용을 위해 교육운동을 펼치는 미국 단체. www.glsen.org

20 Ilan H. Meyer, "Prejudice, Social Stress, and Mental Health in Lesbian, Gay, and Bisexual Populations: Conceptual Issues and Research Evidence", pp.10~14.

21 Arjan van der Star, "The socioecology of sexual minority stigma: Advancing theory on stigma-based mechanisms underlying sexual orientation-based disparities in health", *Social Science & Medicine* 363, 2024, pp.2~4.

22 Alexandra D. Convertino, "Integrating minority stress theory and the tripartite influence model: A model of eating disordered behavior in sexual minority young adults", *Appetite* 163, 2021, pp.1~2.

23 Katelyn F. Romm, et al., "Minority stress mediates associations of sexual minority state policies and tobacco use among US sexual minority young adults", *Drug Alcohol Depend* 265, 2024, p.4.

24 Lisa M. Christian et al., "Sexual minority stress and epigenetic aging", *Brain, Behavior, and Immunity* 126, 2025, pp.27~28.

25 "퀴어축제 환영 받는 도시에선 청소년 마약·자살률도 낮다", 〈프

레시안〉, 2023년 7월 6일.

26 구권효·나수진, 《퀴어문화축제 방해 잔혹사》, 한티재, 2023, 29쪽.

27 웬디 브라운, 《관용》, 이승철 옮김, 갈무리, 2010, 75쪽.

28 웬디 브라운, 위의 책, 9쪽, 32쪽, 62쪽.

29 서울퀴어문화축제 조직위원회, '서울역사박물관까지, 서울시의 네 번째 대관 불허에 대한 서울퀴어문화축제조직위원회 입장문', 2024년 4월 9일.

30 "오세훈 "동성애 반대…서울광장 퀴어축제 불허는 원칙적 결정"", 〈세계일보〉, 2023년 6월 13일.

31 "서울퀴어문화축제 불허 사유는? 광장시민위 회의록 살펴보니", 《시사IN》, 2023년 6월 23일.

32 허성원, 〈정치를 새롭게 읽어내는 퀴어정동정치: 한국 퀴어퍼레이드를 중심으로〉, 《문화와사회》 27, 2019, 25쪽.

33 리베카 솔닛, 《걷기의 인문학》, 김정아 옮김, 반비, 2017, 57쪽, 130쪽.

34 토마스 렘케(Thomas Lemke)는 생명정치를 미셸 푸코와 조르조 아감벤의 연구를 참고하여 '사회적 배제에 직면한 외부인들을 내부에서 조절하고 관리하는 권력'으로 정리한다. 자세한 내용은 다음 자료를 참고할 것. 토마스 렘케, 《생명정치란 무엇인가》, 심성보 옮김, 그린비, 2015, 104쪽.

35 오혜진, 〈구겨버린 입장권: 소수자의 존재론과 역사적 아카이브, 그리고 '퀴어링(queering)'〉, 《문화과학》 100, 2019, 279~280쪽.

36 오혜진, 위의 글, 280~282쪽.

37 잭 핼버스탬, 《실패의 기술과 퀴어 예술》, 허원 옮김, 현실문화, 2024, 182쪽, 247쪽.

38 잭 핼버스탬, 위의 책, 17쪽, 182~183쪽.

39 잭 핼버스탬, 위의 책, 147~149쪽, 172쪽.

40 안병무, 〈'살림' 운동〉, 《살림》 1, 1988, 5쪽.

41 안병무, 〈죽임과의 싸움〉, 《살림》 28, 1991, 15쪽.

42 안병무, 위의 글, 15~16쪽.

43 최형묵, 《민중신학 개념지도》, 165쪽.

44 안병무, 〈살림운동은 죽임의 세력과 투쟁이다〉, 《살림》 34, 1991, 9~11쪽.

45 황용연, 〈해명과 포섭을 넘어서는 장애신학〉, 《신학사상》 200,

2023, 352쪽.

*** 참고문헌

구권효·나수진, 《퀴어문화축제 방해 잔혹사》, 한티재, 2023.
김진호, 〈민중신학과 '비참의 현상학': 오늘의 오클로스를 묻다〉, 김진호·김영석 편저, 《21세기 민중신학》, 삼인, 2013.
_____, 〈'운동의 신학'에서 '고통의 신학'으로: 포스트-'1987년 체제'의 민중신학〉, 이상철 외, 《민중신학, 고통의 시대를 읽다》, 분도출판사, 2018.
_____, 《예수역사학》, 다산글방, 2000.
리베카 솔닛, 《걷기의 인문학》, 김정아 옮김, 반비, 2017.
사토 요시유키, 《신자유주의와 권력》, 김상운 옮김, 후마니타스, 2015.
서남동, 《민중신학의 탐구》, 동연, 2018.
서울퀴어문화축제 조직위원회, '서울역사박물관까지, 서울시의 네 번째 대관 불허에 대한 서울퀴어문화축제조직위원회 입장문', 2024년 4월 9일.
안병무, 《민중신학 이야기》, 한국신학연구소, 1987.
_____, 〈민족·민중·교회〉, 김진호 외, 《21세기 민중신학》, 삼인, 2013.
_____, 〈'살림' 운동〉, 《살림》 1, 1988.
_____, 〈살림운동은 죽임의 세력과 투쟁이다〉, 《살림》 34, 1991.
_____, 〈예수와 오클로스: 마가복음을 중심으로〉, NCC신학연구위원회, 《民衆과 韓國神學》, 한국신학연구소, 1987.
_____, 〈죽임과의 싸움〉, 《살림》 28, 1991.
오혜진, 〈구겨버린 입장권: 소수자의 존재론과 역사적 아카이브, 그리고 '퀴어링(queering)'〉, 《문화과학》 100, 2019.
웬디 브라운, 《관용》, 이승철 옮김, 갈무리, 2010.
유영상, 〈민중신학의 오클로스론에 대한 비판적 고찰〉, 한신대학교 신학대학원 석사학위 논문, 2021.
_____, 〈오클로스론과 퀴어링〉, 한국퀴어신학콜로키움, 2023년 11월 23일.
이호림 외, 〈한국 동성애자·양성애자의 건강불평등: 레인보우 커넥션 프로젝트 I〉, 2017.

정용택, 〈금융화 시대의 민중신학에 관한 시론적 연구: 안병무의 '가능성(Möglichkeit)' 개념을 중심으로〉, 《신학사상》 199, 2022.

잭 핼버스탬, 《실패의 기술과 퀴어 예술》, 허원 옮김, 현실문화, 2024.

지그하르트 네켈, 〈포섭적 배제: 글로벌 금융계급의 사회적 구별 짓기〉, 자흐베 파트리크 외, 《능력주의와 페미니즘》, 김주호 옮김, 사월의책, 2021.

최형묵, 《민중신학 개념지도》, 동연, 2023.

토마스 렘케, 《생명정치란 무엇인가》, 심성보 옮김, 그린비, 2015.

황용연, 〈해명과 포섭을 넘어서는 장애신학〉, 《신학사상》 200, 2023.

허성원, 〈정치를 새롭게 읽어내는 퀴어정동정치: 한국 퀴어퍼레이드를 중심으로〉, 《문화와사회》 27, 2019.

Alexandra D. Convertino, "Integrating minority stress theory and the tripartite influence model: A model of eating disordered behavior in sexual minority young adults", *Appetite* 163, 2021.

Arjan van der Star, "The socioecology of sexual minority stigma: Advancing theory on stigma-based mechanisms underlying sexual orientation-based disparities in health", *Social Science & Medicine* 363, 2024.

Ilan H. Meyer, "Prejudice, Social Stress, and Mental Health in Lesbian, Gay, and Bisexual Populations: Conceptual Issues and Research Evidence", *Psychological Bulletin* 129(5), 2003.

Katelyn F. et al., "Minority stress mediates associations of sexual minority state policies and tobacco use among US sexual minority young adults", *Drug Alcohol Depend* 265, 2024.

Lisa M. Christian et al., "Sexual minority stress and epigenetic aging", *Brain, Behavior, and Immunity* 126, 2025.

"서울퀴어문화축제 불허 사유는? 광장시민위 회의록 살펴보니", 《시사IN》, 2023년 6월 23일.

"오세훈 "동성애 반대…서울광장 퀴어축제 불허는 원칙적 결정"", 〈세계일보〉, 2023년 6월 13일.

"퀴어축제 환영 받는 도시에선 청소년 마약·자살률도 낮다", 〈프레시안〉, 2023년 7월 6일.

03
육우당과 민중 메시아

*이유정
(한국퀴어신학아카데미)

> 내 혼은 꽃비 되어 당신 곁에 내리는데
> 당신은 이런 나를 못 느끼고 계시군요.
> 임이여! 내 속삭임에 귀 기울여 보아요.
>
> – 육우당, <환생>[01]

육우당은 1984년에 태어나 2003년 세상을 떠난 어느 청소년 성소수자의 호이다. 2006년 출간된 추모 문집에 따르면, 그는 고등학교를 그만두고 동성애자인권연대(현 행동하는성소수자인권연대)에서 활동했으며, 청소년 동성애자이자 천주교인으로서 사회적 차별과 종교적 폭력에 대해 비판적 인식을 가지고 있었다. 이러한 그의 날카로운 시각은 그가 창작한 다수의 시와 일기에 뚜렷하게 드러난다. 또한 그는 전통 시가에 관심이 많아 작품들 중 상당수를 시조와 가사로 썼으며, 시조 부흥과 가사 부활에 대한 꿈을 가진 시인이기도 했다. 육우당의 죽음 이후 우리 사회와 종교계에 만연한 성소수자 혐오에 대한 반성과 연대의 움직임이 일어났다. 현재에도 매년 육우당의 기일에 맞추어 혐오와 차별에 희생된 이들을 기억하는 추모 기도회가 열리고 있다.

이 글에서는 육우당이라는 한 인물에 주목하여, 민중신학에서 말하는 민중 메시아 개념을 다시 살펴보고자 한다. 구체적으로 민중 메시아가 어떻게 구원하는 역할을 하는지에 대해 설명하고, 이에 따라 예수와 민중의 관계를 재구성한다. 이를 통해 육우당의 고유한 삶과 죽음에서 드러나는 민중 메시아의 모습이, 고난받는 성소수자들과 더 나아가 민중이라는 이름으로 포괄되는 가난하고 소외된 사람들, 사회적 약자와 소수자 집단에게서 보편적으로 드러날 수 있다는 점을 밝히고자 한다.

1. 민중신학과 민중 메시아론

1960년대 이후 한국은 군사 독재 정권하에서 급속한 산업화를 진행하게 되었으나, 이는 공장 노동자와 농민을 비롯한 가난하고 못 배운 이들의 수많은 희생을 바탕으로 한 것이었다. 이러한 상황 속에서 1970년 "근로기준법을 준수하라"를 외치며 분신한 청년 노동자 전태일의 사건은 사회적 파장을 불러일으켰다. 이 사건은 신학자들에게도 하나의 계기가 되어 당대 우리나라의 역사적 상황을 반영한 신학인 민중신학이 등장하게 되었다.

민중신학은 당대 한국 사회, 특히 비판적 지식인과 사회운동 그룹을 중심으로 사용되던 표현인 '민중'을, 성서를 해석하는 핵심 개념으로 사용하며 신학적인 의미를 부여했다. 민중신학자 안병무는 마가복음에 반복적으로 등장하는 헬라어 표현 '오클로스'가 바로 한국의 '민중'

에 해당하는 표현이라고 주장했다. 오클로스는 예수 주변에 모여든 죄인, 세리, 창녀, 빈민, 병자 등의 무리를 가리키는 표현이었는데, 이들 사이에는 별 공통점이 없고 유일한 공통점은 사회적으로 소외되고 배제된 사람들이었다는 것이다.[02] 그런데 이들 오클로스가 바로 예수와 더불어 예수 사건, 곧 민중 사건을 일으켰다. 또한 민중신학자 서남동은 당대의 한국에서 성서 속 민중의 이야기와 한민족의 역사 속 민중 이야기가 합류하고 있다고 주장했다. 한국 사회에서의 민중의 투쟁을 통해 해방의 사건이 일어나며 하느님 나라가 현실화되고 있다는 것이다.

민중신학에서 가장 많은 논란이 되었던 이론 중 하나가 민중 메시아론이다. '메시아Messiah'란 구원자라는 뜻으로, 기독교에서는 하느님의 독생자인 예수 그리스도를 가리키는 표현으로 쓰인다. 그런데 민중신학에서 민중이 메시아라는 논쟁적인 주장을 펼치면서 이와 관련하여 여러 비판적 논의가 이어져 왔다. 가장 흔한 오해는 '민중 메시아'라는 표현이 민중을 우상화한다는 것으로, 이는 전통 신학의 예수 이해, 즉 예수를 인간과 본질적으로 분리된 메시아이자 신앙과 경배의 대상으로 보는 관점을 민중신학에 그대로 적용하기 때문에 생기는 잘못이다. 서남동의 '합류'와 안병무의 '사건' 개념에서 드러나듯 민중신학은 예수와 민중을 분리하지 않고 관계론적으로 파악한다.[03] 성서에 기록된 예수 사건과 한국 역사 속의 민중 사건이 합류하는 지점에서 하느님의 구원 역사가 일어난다는 것이다. 따라서 민중 메시아론은 민중을 숭배하자는 주장이 아니라, 역사 속에서 민중이 메시아적 역할을 감당하고 있다는 것에 대한 증언으로 이해해야 한다.

그런데 민중이 구체적으로 어떻게 메시아적 역할을 한다는 것일까? 민중신학은 이에 대해 몇 가지 설명을 제시했다. 첫째, 민중은 자신의 고난을 세상을 변혁하는 힘으로 승화시킴으로써 메시아적 역할을 한다. 이를 안병무는 "민중의 자기초월"이라 불렀고, 서남동은 "한의 속량적 성격"이라 말했다. 성서와 한국 역사 속의 수많은 민중운동들, 가령 히브리 노예들의 출애굽 사건, 고려 시대 만적의 난, 조선 말기 동학농민운동 등을 그 예로 들 수 있으며, 전태일과 같은 노동 열사들과 독재 정권에 저항했던 민주 열사들도 같은 계보에 놓이게 된다. 오늘날 차별금지법과 가족구성권 등 다양한 의제를 통해 우리 사회를 더 나은 곳으로 바꾸어 나가고 있는 성소수자 인권운동 또한 비슷한 맥락에서 파악할 수 있을 것이다. 둘째, 민중은 고난의 신음 소리를 통해 변화를 촉구함으로써 메시아적 역할을 한다. 서남동은 누가복음 10장에 나오는 착한 사마리아인 비유를 해석하며 이 이야기에서 그리스도는 '강도 만난 자'라고 했다.[04] 강도 만난 자의 신음 소리가 지나가던 사마리아인을 불러 세웠고, 사마리아인은 그에 응답함으로써 비로소 내면의 인간성을 실현할 수 있었다는 것이다. 강도 만난 자의 신음 소리가 없었더라면 사마리아인의 선행과 불의한 현실의 변혁도 없었으리라는 민중신학의 독특한 통찰이 드러나는 부분이다.

2. 육우당과 민중의 현실

민중 메시아론에 따르면 고난받는 민중은 곧 메시아

의 역할을 한다. 그렇다면 예수와 전태일과 마찬가지로 육우당도 메시아이고, 모든 고난받는 성소수자들 또한 메시아의 역할을 한다고 볼 수 있을 것이다. 그러나 예수와 전태일과 육우당을 나란히 놓고 볼 때, 앞의 두 인물과 육우당 사이에는 차이점이 있으며 이는 특히 그들이 죽음을 택한 이유에서 분명하게 드러난다. 남겨진 자료, 이를테면 성서나 전태일의 일기 및 유서 등을 볼 때 예수나 전태일은 이 세상 혹은 동료들을 위한 이타적인 동기가 죽음에 결정적인 영향을 끼친 것이 명확해 보인다. 반면 육우당은 동성애자 인권운동에 대한 뚜렷한 신념을 가지고 있었지만 그것이 자살의 이유라기보다는, 청소년 성소수자로서 차별과 혐오가 만연한 사회에서 많은 고통을 겪은 것이 이유였던 것으로 보인다. 육우당과 마찬가지로 일찍 세상을 떠난 다른 성소수자 친구들에 대해 생각할 때, 그들을 하나로 뭉뚱그릴 수는 없지만 성소수자이기 때문에 겪는 사회적 차별과 혐오, 그로 인한 여러 어려운 상황들과 정신적 고통이 죽음에 영향을 끼쳤을 것이다.[05]

이러한 차이는 오늘날 민중신학의 관점에서 육우당이 민중 메시아라고 선언하는 것을 망설이게 만든다. 매년 육우당의 기일에 열리는 추모 기도회 자리에는 육우당뿐 아니라 먼저 세상을 떠난 여러 성소수자들의 사진과 유품이 놓인다. 앞서 언급한 착한 사마리아인 비유를 다시 들어 보면, 육우당의 죽음은 사람이 길에서 강도를 당했는데 상처를 회복하지 못하고 길가에서 결국 죽어 버린 것과 같다. 그런데 그의 고통스러운 신음 소리를 다른 사람들이 듣고 내면의 인간성을 실현했으므로 그가 메시아라고 말한다면, 그것은 죽은 사람에 대한 예의도 아니며 민중 사건의 증언이라 하기에도 부족한 말일 것이다.

육우당이라는 한 독특한 개성을 가진 사람이 있었고 그가 사회의 차별과 혐오로 인해 고통받았다는 사실을 통해, 잘 알려지지 않았지만 각자의 고유한 삶을 살아가며 억울하게 고통받았던 수많은 성소수자들의 존재를 그려볼 수 있다. 육우당은 글쓰기, 특히 시조에 대한 열정을 가지고 많은 작품을 창작했으며 그의 글에는 동성애자의 처지에 대한 비관과 차별 없는 사회에 대한 소망, 사회 비판적 시선, 사랑과 이별에 대한 진솔한 감정 등 다양한 모습이 담겨 있다. 또한 그는 동성애자인권연대(동인련) 활동에도 열정적으로 임하며 성소수자 인권운동과 반전운동 등 다양한 사회운동에 참여했다. 하지만 만약 육우당이 평소에 글을 써서 남겨 놓지 않았더라면, 혹은 그가 동인련에 스스로 찾아오지 않았거나 다른 어떤 조건이 맞지 않았더라면 그를 직접 알고 지냈던 이들을 제외한 대부분의 사람들은 육우당이라는 사람이 있었다는 사실조차 아예 몰랐을 것이다. 육우당과 같은 이들은 그때나 지금이나 존재하며, 그들의 삶과 죽음이 아직 충분히 알려지지 않았을 뿐이다.

사실 성서 시대에도, 1970년대와 80년대에도 억울하게 죽은 사람은 많이 있었을 테지만, 민중 메시아에 대해 이야기할 때 민중 자신의 고통과 죽음은 아직 충분히 이야기되지 못했다. 이는 민중신학이 민중이라는 대상을 발견하고 증언하는 것에서 출발했기 때문에 생겨난 한계일 수도 있다. 서남동은 강도 만난 자가 메시아임을 말하며 "약속된 그리스도의 내림은 우리의 인간성의 실현을 독촉하는 고난받는 이웃으로 구현된다"고 했다.[06] 민중보다는 인간성의 실현을 독촉받는 '우리'에게 초점이 맞추어진 서술이다. 이는 마치 "세상은 성소수자를 차별하지만 우리는 그리스도인으로서 성소수자를 사랑으로 포용해야 한다"고 설교하는 목사의 모습을 떠오르게 한다. 그들이 말하는 '우리' 안에는 고난받는 이웃 혹은 성소수자는 포함되지 않는다. 민중은 자기를 초월할 수 있고 다른 이들의 회개를 촉구할 수도 있으며 이러한 민중은 민중 메시아로서 이야기되어 왔다. 그러나 다른 한편 민중은 자신의 고통 속에 갇힐 수도 있고 그로 인해 죽음에 이르기도 하는데 이러한 민중이 어떻게 메시아일 수 있을까?

3. 민중의 고난과 대속

만약 민중신학이 민중의 고통에 보다 주목한다면 보다 명확하게 '민중은 고난받기 때문에 메시아'라고 주장할 수 있을 것이다. 고난받는 민중이 메시아임은 민중신학에서 이미 많이 이야기되었다. 그런데 민중이 고난을 받아서 그 결과로 자기초월이나 타인의 회심 등이 일어나기 때문에 메시아적 역할을 하는 수도 있지만, 그렇지 않아도 고난받는 것만으로 이미 메시아적 역할을 하고 있음을 분명히 밝히고자 한다.

기독교의 대속 교리에 의하면 인간은 원죄로 인해 하느님과의 관계가 끊어지고 영원한 사망에 처하게 될 운명이 되었는데, 하느님의 독생자 예수가 이 땅에 와서 모든 인류의 죄를 대신 지고 십자가에 못 박혀 죽었기 때문에,

인간은 예수를 믿음으로써 다시 하느님과 관계 맺을 수 있게 되었다. 즉 예수가 모든 인간의 죄를 대신 속죄했다는 것이다. 이러한 교리는 예수 이후 기독교가 성립하고 교리가 형성되던 시대의 유대교 및 로마법의 논리를 반영하고 있는 것으로, 오늘날의 관점에서는 다소 받아들이기 어려운 부분이 있다. 자기 죄는 자기가 책임지는 것이 마땅한 법인데, 다른 이에게 죄를 전가하는 방법으로 죄에서 자유로워질 수 있다는 식의 논리는 법적으로나 도덕적으로나 현대인의 상식에 맞지 않는다.

그런데 죄의 전가라는 것은 도덕적 당위와는 상관없이 현실에서 항상 일어나고 있는 일이다. 사회를 이루는 개인들이 죄를 짓고 있으며 또 사회구조적인 죄악도 있는데, 그러한 죄의 책임은 각 개인에게 균등하게 돌아가지 않는다. 죄를 전혀 짓지 않는 사람은 없으며 모두가 죄가 있음에도 불구하고, 자기 죄뿐 아니라 다른 사람들과 사회구조의 죄까지 떠안는 사람이나 집단이 분명히 존재한다. 가령 독재 정권 시기에 한국의 경제가 발전한 것은 사실이지만 그 이면에는 사회의 모든 구조적 문제를 떠안고 희생당하기를 강요받았던 민중이 존재했듯이 말이다. 함석헌은 세계사적 차원에서 일어나는 죄의 전가와 그로 인한 고난의 현실을 지적한 바 있다. 세계의 온갖 이름난 사상과 종교, 정치 이데올로기의 이면에 있는 해악과 찌꺼기들이 다 한국 민족에게로 흘러들어 온 결과 한국 민족이 세계를 대신해 고난을 받게 되었다는 것이다.[07] 이처럼 인류 문명은 지속적으로 발전해 왔지만 그것을 위해 희생당한 사람들, 범위를 좀 더 넓히면 비인간 동물과 식물, 자연이 항상 있어 왔다.

성소수자가 차별과 혐오로 고통받는 현실도 이와 같은 관점에서 볼 수 있다. 근대사회는 성별 이분법과 이성애주의에 기초하여 정상적인 성性의 경계를 규정하고 그 외의 존재들을 억압했다. 성별을 둘로 나누고 그에 기초해서 각 성별은 어떤 존재이며 어떤 일을 해야 한다는 규칙들을 규정하는 것이 사회의 안정적이고 효율적인 운영에 필요했을 것이다. 게다가 정상성에 맞지 않는 이질적인 존재는 공공의 적으로 만들어서 이유 없이 비난하고 폭력을 행사해도 괜찮은 존재로 만들면, 사회 불안 요소를 관리하는 데 도움이 되고 공동체의 결속력도 강해진다. 이런 식으로 사회가 굴러 왔고 대다수의 사람들이 그 혜택을 누려 왔다. 그럴 일은 없겠지만 만약 인류가 하루 사이에 놀라운 정신적 발전을 이루어서 당장 내일부터 모든 혐오와 차별이 폐지된다고 해도, 그런 발전을 이루기까지 수없이 많은 민중의 피 흘림이 있었다는 점에는 변함이 없을 것이다.

예수가 온 세상의 죄를 대신 떠안은 것처럼, 민중 또한 사회 전체의 죄를 대신 떠안고 있다. 인류 문명과 사회와 과학기술이 이룩한 모든 명백하게 선한 결과들의 이면에는 민중의 희생이 있다. 민중의 고난은 사회 전체의 고난을 대신 지는 것이고, 그러한 고난 없이는 사회 전체의 선 또한 생겨날 수 없기 때문에 대속의 성격을 가지고 있다. 함석헌은 이를 다음과 같이 표현했다. "불의의 결과는 그것을 지는 자 없이는 결코 없어지지 않는다. 인간을 위하여, 또 하나님을 위하여 이것을 져야 한다."[08]

4. 예수의 부활과 민중의 부활

지금까지 민중의 고난이 대속적 성격을 가지고 있음을 살펴보았는데, 아직 중요한 문제가 남아 있다. 민중 자신을 위한 정의가 실현되지 않았다는 문제다. 민중의 희생과 죽음이 메시아적 역할이 되어 세상에 구원이 임한다면, 정작 민중 자신은 구원을 누리지 못하는 셈이다. 전통적인 기독교는 이 문제에 대해 부활이라는 답을 가지고 있다. 그런데 안병무는 성서에 기록된 몸의 부활이 구체적으로 무엇을 말하는지 파악하기 어렵다고 하면서, 대신 갈릴리의 민중들이 바로 부활한 예수의 분신이며 예수의 부활은 갈릴리의 민중들이 궐기한 것과 동시적으로 일어난 사건이라고 주장한다.[09] 안병무는 부활과 관련하여 민중을 집단적인 존재로 파악했기 때문에 한 사람이 죽었어도 그의 정신이 다른 사람들의 마음에 다시 타오르는 것이 부활이라고 생각했다. 기독교에서 말하는 부활에는 이러한 집단적 의미도 분명 있겠지만, 그것만으로는 부족한 것 같다. 사람을 사회적이고 집단적인 존재로 파악하는 시각도 필요하지만, 개인적이고 고유한 존재로 파악하는 시각도 그만큼 필요하다.

앞서 민중 메시아론에 대해 이야기하며 언급했듯이, 민중신학은 전통신학과 다르게 예수를 민중과의 연속적인 관계 속에서 파악하며 이는 '예수가 민중이고 민중이 예수다'라는 주장에서 단적으로 드러난다. 그런데 예수가 민중인 것은 인정해도 과연 민중이 예수라고 할 수 있는지, 예수와 민중이 어떤 면에서 연속성이나 단절성을 지니고 있는지에 대해서는 논쟁이 있다. 이와 관련된 여러 민중신학이론들이 존재하는데[10], 이 글에서는 고난받는 민중의 메시아 역할에 대한 논의를 위해 새로운 이론을 제시하고자 한다. 여기서는 민중과 예수가 함께 메시아 역할을 하며, 이와 관련하여 민중의 역할과 예수의 역할이 있다. 구원과 관련하여 민중이 하지 못하는 역할을 예수가 하는데, 예수가 혼자서 구원할 수 있는 것은 아니고 반드시 민중이 자기 역할을 해야만 구원할 수 있다.

예수의 존재론적 지위나 기적과 부활 등의 역사적 사실성 여부를 가리는 것이 민중신학의 주요 관심사는 아니지만, 여기서는 정통 기독교 교리를 따르는 쪽으로 논의를 전개할 것이다. 교리에 의하면 예수는 삼위일체이신 하느님의 한 위격이신 성자 하느님이 이 세상에 성육신하신 존재로, 신성과 인성을 동시에 지니신 온전한 신이자 온전한 인간이다. 여기서 주목할 점은 예수가 민중으로 이 세상에 태어났으며, 민중과 더불어 민중의 삶을 살았고, 민중으로서 죽었다는 것이다. 물론 성서의 기록에 의하면 예수가 많은 기적을 베풀어 민중의 질병, 귀신 들림, 배고픔, 외로움, 죽음의 문제를 치유했고 또한 결정적으로 죽은 지 사흘 만에 부활했다고 하니 예수를 보통의 민중이라고 하기는 어렵다. 그렇지만 예수는 언제나 사회적으로 소외되고 억압받는 쪽에 서고자 했고, 영향력 있는 지도자나 왕이 되는 것을 의도적으로 피했다. 병자에게 기적을 베풀고도 이를 비밀로 하라고 했고, 자신을 따랐던 제자들이나 많은 무리들이 정치적 메시아를 기대했음에도 불구하고 그 기대를 저버리고 권력자들에게 붙잡혀 죽는 길로 자진해서 나아갔다.

세례 요한은 예수를 가리켜 "세상 죄를 지고 가는 하느님의 어린 양"이라고 말했다.[11] 예수가 세상을 구원하는 방법은 세상 죄를 지고 가는 하느님의 어린 양이 되는 방법이지, 다윗이나 마카베오처럼 왕이 되는 방법이 아니었던 것이다. 다른 말로 하면 온 우주를 창조하고 다스리시는 하느님조차도 이 세상에 성육신하실 때는 민중이 되는 방법이 아니고서는 세상을 구원할 수 없었다. 민중이 세상에 끼치는 영향력은 왕이 끼칠 수 있는 영향력에 비하면 보잘것없고, 민중으로 사는 것이 왕으로 사는 것보다 훨씬 더 많은 고통을 겪어야 한다. 그럼에도 예수가 민중으로 왔다는 점에서, 예수가 2천 년 전 팔레스타인에 태어난 것과 유대인이었다는 것과 남성이었다는 것과 목수였다는 것 등은 모두 우연적인 일이어도, 민중이었다는 사실만은 필연적인 것이었을 수도 있겠다.

그런데 예수는 민중이지만 다른 민중들과는 다른 점이 있다. 예수는 온전한 하느님이자 온전한 인간인 반면, 다른 민중들은 인간일 뿐 하느님은 아니다. 예수는 뚜렷한 목적을 가지고 이 세상에 왔으며 어느 시점에서는 자신이 걸어야 할 길을 알고 있었던 것 같은데, 민중은 대체로 그렇지 않다. 때로 민중은 고난 속에서 길을 발견하고 자기초월로 나아가며 작은 예수라 말할 수 있는 삶을 살기도 하지만 항상 그런 것은 아니다. 결정적으로 예수는 십자가에 못 박혀 죽어서 장사된 지 사흘 만에 부활했다. 이때 부활은 몸의 부활, 즉 제자들이 예수를 만나서 같이 이야기하고, 식사를 하고, 의심 많은 도마가 예수의 옆구리에 있는 창에 찔려 난 구멍을 만질 수 있는 그런 부활을 의미한다.

예수는 민중이면서 하느님이었기 때문에 민중이 하지 못했던 일인 몸의 부활을 할 수 있었다. 당대 지배층과 종교 권력에 의해 죽임을 당했던 예수의 부활 소식은 예수의 민중에게 퍼져 나갔고 민중들은 갈릴리로 모여들었다. 예수가 공생애를 시작하며 이름이 널리 알려지자 여러 사람들과 심지어 헤롯 왕까지도 예수에 대해 죽은 세례 요한이 다시 살아난 것으로 생각했다는 성서 기록으로 알 수 있듯[12], 당대 민중들에게는 몸의 부활에 대한 소망이 있었을 것이다. 로마 식민 지배하의 피지배층으로 병들어 죽고 굶어 죽고 억울하게 죽어 간 자신의 소중한 사람들도 머지않아 예수처럼 부활할 것이라 믿었을 것이다. 그러한 믿음 속에서 예수의 부활은 곧 민중의 부활, 즉 사회적인 부활이자 장차 올 몸의 부활이 되었다. 즉 예수의 메시아적 역할은 하느님인 동시에 민중의 한 사람으로서 세상의 죄를 대신 지고 죽었다가 부활하여 민중의 부활과 궁극적 승리를 미리 선언하는 것이다.

한편 예수와 구별되는 민중의 메시아적 역할도 존재한다. 민중은 세상 죄를 대신 지고 가는 존재로서, 민중 예수의 고난과 죽음과 부활을 자기 일처럼 받아들임으로써 세상에서 대속과 부활의 역사를 끊임없이 진전시킨다. 하느님으로서의 예수는 기적과 치유를 베풀고 죽음 또한 이겨 냈지만, 민중으로서의 예수는 한 명의 인간이었을 뿐이기에 실제로 세상 모든 민중의 짐을 혼자서 다 지고 갈 수는 없다. 그런 것은 물리적으로 불가능하며, 만약 예수가 어떤 신비로운 기적을 통해 모든 짐을 혼자 다 질 것이었더라면 십자가에서 내려오는 기적을 일으켜 왕이나 황제가 되는 편이 빨랐을 것이다. 서남동은 민중이 땅을 일구는 존재로서 하느님의 계약 파트너이고, 역사 속에서 하느님의 공의 회복의 담지자라고 했다.[13] 민중은 구속사적 관점에서 볼 때 하느님의 파트너이다.

    육우당에 대해 생각하면 우리는 육우당뿐 아니라 먼저 떠나보낸 다른 소중한 사람들도 함께 생각하게 된다. 우리가 먼저 떠나보낸 사람들은 아직 부활하지 않았지만 적어도 예수는 사흘 만에 부활했으니 예수의 민중들은 지금의 민중들보다 더 희망을 가졌을까? 그런데 당시에도 대부분의 민중들은 예수의 부활을 소문으로만 듣고 모였다. 돌무덤이 비었다더라, 누가 부활한 예수를 만났다더라 하는 소문을 듣고서는 그것을 마치 자신의 부활이고 먼저 떠난 소중한 사람들의 부활인 것처럼 받아들인 것이다. 현대에도 나에게 일어나지 않을 뿐이지 초자연적 기적이 일어났다는 소문은 종종 들려오니 지금의 상황이 예수 시대의 상황과 본질적으로 다른 것은 아닐 수도 있겠다.

    좀 더 상상력을 발휘해 보면, 부활한 예수를 만났던 사람들도 예수가 승천한 다음에는 예수를 무척 보고 싶어 하고 그리워했을 것이다. 곧 다시 볼 수 있으리라는 희망은 있었겠지만 그럼에도 예수가 십자가에서 끔찍한 고통을 당한 일과 죽어서 묻힌 일에 대한 기억 또한 잊을 수 없었을 것이다. 살아 계신 하느님의 아들이 한때 우리 곁에 있었다는 사실과 그가 메시아의 사명을 수행하기 위해 죽었다가 부활하고 승천했다는 사실에 대해 하느님께 깊이 감사했겠지만, 가끔은 그저 예전처럼 예수와 함께 빵을 먹고 포도주를 마시면서 수다나 떨고 싶은 마음이 간절했을지 모른다. 예수를 떠나보낸 민중들을 생각하며, 오늘날 육우당을 떠나보낸 우리들도 희망을 얻고 위로를 받는다.

주

01 육우당,《내 혼은 꽃비 되어》, 동성애자인권연대 엮음, 동성애자인권연대, 2006, 16쪽.
02 이런 점은 성소수자와도 비슷한데, 보통 LGBTAIQ 등의 문자를 나열하지만 이들은 사회가 정상적이라고 여기는 성(性) 질서에서 벗어나 있다는 점 말고 다른 공통점을 찾기 어렵다.
03 김희헌,《민중신학과 범재신론》, 너의오월, 2014, 65쪽.
04 서남동,〈한의 형상화와 그 신학적 성찰〉, 죽재서남동기념사업회 엮음,《민중신학의 탐구》, 동연, 2018, 141~142쪽.
05 "전체 응답자의 41.5%는 최근 1년간 진지하게 자살을 생각한 것으로 나타났고, 8.2%는 최근 1년간 실제로 자살 시도 경험이 있는 것으로 나타났다. 한국보건사회연구원의 2020〈청년층 생활 실태 및 복지욕구조사〉에서 청년들에게 '자살에 대해서 진지하게 생각한 적이 한 번이라도 있는지'를 물었더니 단 2.74%만이 '그렇다'고 응답한 것에 비추어 보면 매우 높은 수치이다." 다양성을 향한 지속가능한 움직임 다움,〈나 같은 사람이 혼자가 아니구나: 2021 청년 성소수자 사회적 욕구 및 실태 조사 결과보고서〉, 인디펍, 2022, 87쪽.
06 서남동,〈소리의 내력〉,《민중신학의 탐구》, 154쪽.
07 함석헌,《뜻으로 본 한국역사》, 한길사, 2003, 478~479쪽.
08 함석헌, 위의 책, 480쪽.
09 안병무,《민중신학 이야기》, 한국신학연구소, 1988, 334~338쪽.
10 자세한 내용은 다음 자료를 참고할 것. 최형묵,《민중신학 개념 지도》, 동연, 2023, 116쪽 각주.
11 신약성서(새번역), 요한복음 1장 29절.
12 신약성서(새번역), 마가복음 6장 14-16절.
13 서남동,〈두 이야기의 합류〉,《민중신학의 탐구》, 58~59쪽.

참고문헌

김희헌, 《민중신학과 범재신론》, 너의오월, 2014.
서남동, 《민중신학의 탐구》, 죽재서남동기념사업회 엮음, 동연, 2018.
안병무, 《민중신학 이야기》, 한국신학연구소, 1988.
육우당, 《내 혼은 꽃비 되어》, 동성애자인권연대 엮음, 동성애자인권연대, 2006.
최형묵, 《민중신학 개념 지도》, 동연, 2023.
함석헌, 《뜻으로 본 한국역사》, 한길사, 2003.

04

반차별 관점에서 본 신학의 재구성

황용연
(제3시대그리스도교연구소 연구실장)

이 글에 붙인 제목인 '반차별 관점에서 본 신학의 재구성'에서 반차별이라는 용어는 넓은 의미와 좁은 의미의 두 가지 용법으로 사용될 수 있다. 먼저 넓은 의미로는, 사회적 소수자들이 차별을 겪는 현실과 그 현실을 극복하고자 하는 연대와 운동에 관련된 주제를 (느슨하게) 전체적으로 포괄하여 지칭하는 용법이 가능하다.

　이 글에서는 반차별이라는 용어를 이러한 넓은 의미의 용법으로 사용할 때, 그 안에 포괄될 수 있는 주제를 다음 세 가지 범주로 구분할 것을 제안한다.

1 방어와 변호: 소수자에 대한 차별과 혐오의 선동/정당화에 맞서 소수자가 차별과 혐오가 전제하는 대상에 포함되지 않는다고 변호하거나 차별과 혐오에 대한 윤리적 방어를 진행하는 주제
2 반차별적 재구성: 소수자에 대한 차별을 전제하지

않는 것만으로 사회적 실천과 이론적 담론이 어떻게 변화할 수 있는지 다루는 주제
3 적극적 구성: 소수자의 주체성에서 체현되는 소수성의 요소들을 사회적 실천과 이론적 담론의 적극적 구성의 실마리로 활용하는 주제

위에서 구분한 각 범주들이 엄밀하게 분리되어 존재하는 것은 아니겠으나, 각 범주에서 지칭하는 특성 중 주로 부각되는 범주가 무엇인지를 구분하는 것은 가능하리라 본다. 따라서 위의 세 가지 구분을 전제하면서 이 글에서는 2번 범주인 반차별적 재구성을 반차별 용어의 좁은 의미로 사용하고자 한다. 이 글은 주로 2번 범주에 속하는 논의의 몇 가지 예를 전개하려는 의도하에 진행될 것이나, 진행 과정에서 3번 범주에 해당하는 논의에도 어느 정도 관여하게 될 것이다.

1. 반차별 시각이 제기하는 존재론적 질문들

좁은 의미의 반차별 관점을 취할 때 사회적 실천과 이론적 담론이 변화를 겪게 되는 이유는, 소수자에 대한 차별을 전제하지 않는다는 조건이 곧 현재까지의 인간에 대한 이해에 변화를 요구하기 때문이다. 이는 소수자에 대한 차별이 현재까지의 인간에 대한 이해가 소수자를 배제하고 그들의 조건을 인간의 보편적 조건으로 사유하지 않은/못한 기초 위에 구축되어 있음을 드러내는 일이기 때문이다.

인간에 대한 이해란 모든 인문학과 사회과학의 시작점이자 종착점일 수밖에 없으므로 각각의 학문 영역에서 변화가 일어나게 마련일 텐데, 여기에서는 그 가운데 그리스도교 신학 영역 내에서의 변화에 대해 논하려 한다. 이를 위해 먼저 상기해 볼 점은 그리스도교 신학에서 인간에 대한 이해는 신학의 본령인 하느님에 대한 이해의 본질적인 측면에 단단히 결합되어 있다는 점이다.

아브라함 계열의 종교라고 통칭되는 그리스도교, 유대교, 이슬람 등의 종교 중에서 그리스도교가 가지는 중요한 특징은 역사적 인간으로 존재했던 예수를 동시에 신성의 완전한 체현이 일어난 존재로 이해하며, 이 이해가 신성에 대한 파악의 출발점이 된다는 것이다. 이 때문에 그리스도교에서 신성이라는 범주는 언제나 인간성이라는 범주와 분리되어 파악될 수 없는 범주로 이해된다. 물론 그리스도교의 교의 성립의 역사에서 인간성 범주는 그 범주의 내용이 진지하게 탐구되기보다는 역사적 인간인 예수가 동시에 하느님이기도 하다는 핵심 신앙고백을 뒷받침하기 위해 예수의 신성 범주에 부착되는 알리바이처럼 취급되는 경우가 많았다고 본다. 그러나 그러한 교의 성립의 역사를 거쳐서 현재 예수에 대한 이해가 "완전한 하느님인 동시에 완전한 인간"이라는 칼케돈 신조(451년 칼케돈 공의회에서 채택한 선언문)의 체계로 정립된 이상, 예수에 대한 이해는 인간성에 대한 보편적 차원의 이해를 반드시 수반해야 한다. 나아가 앞서 언급한 대로 그리스도교에서는 예수에 대한 이해가 하느님에 대한 이해의 출발점이어야 하므로, 인간성에 대한 보편적 차원의 이해가 변화한다면 그 변화는 결국 하느님에 대한 이해의 변화로 귀결될 수밖에 없다.

물론 이때 '보편적'이라는 용어는 흔히 이 용어의 유의어로 이해되는 '절대적'이라는 의미로 사용된 것이 아니다. 그보다는 위와 같은 상황의 파급력이 전방위적이어야 하고 실제로 그렇다는 의미에 가깝다.

2. 사도신경의 성도의 교통과 성소수자 성도

이 글은 그리스도교 지평에서 반차별 관점에 대해 논하고자 하는 글이므로 먼저 그리스도인들 중에 성소수자 그리스도인이 존재한다는 사실을 짚어 보고자 한다. 그리스도교의 주류가 성소수자에게 워낙 적대감을 드러내기 때문에 성소수자 그리스도인의 존재는 오히려 생각하기 어렵게 되는 지점이 있지만 그들은 언제나 존재했고, 존재하며, 존재할 것이다.

이들 성소수자 그리스도인의 존재를 그리스도교가, 특히 개신교 전통의 대다수에서 중요하게 여기는 신앙고백인 사도신경의 "거룩한 공회와, 성도가 서로 교통하는 것을 (…) 믿사옵니이다"에 대입해 보자. 그러면 성소수자에 대해서 적대감을 드러내는 저 모든 '그리스도인'들 역시 성소수자 그리스도인들과 '서로 교통'하고 있다는 이야기가 된다.

그리스도교 신학의 논리상 이러한 '서로 교통'은 공간적/시간적으로 전체적 차원에 걸치는 일이고 따라서 참여하는 사람이 특정 요소를 취사선택하는 것은 불가능하다. 성소수자에 대한 적대감과 그에 동반되는 성소수자 그리스도인의 존재 부정은 바로 이 취사선택의 불가능함이라는 지점에 정확하게 걸린다. 말하자면 성소수자 그리스도인의 존재가 사도신경의 세계에 개입하는 순간, 성소수자 혐오는 저 서로 교통이라는 신앙고백에 대한 총체적인 부정이 되어 버리는 것이다.

한편 서로 교통이 공간적/시간적으로 전체적 차원에 걸친다는 점에 주목하면, 이 서로 교통의 총체적 구현이 이루어지는 차원으로서의 전체적 그리스도인 공동체(교회의 형태를 취할 수도 아닐 수도 있는)와 성소수자/비성소수자 그리스도인이 구체적인 몸으로 참여하는 각각의 시공간의 구체적 그리스도인 공동체(역시 교회의 형태를 취할 수도 아닐 수도 있는)라는 두 가지 차원을 설정할 수 있다(이러한 구분은 그리스도교 신학 내에 오랫동안 자리 잡아 온 '보이지 않는 교회'와 '보이는 교회'의 구분에 상당 부분 대응시킬 것을 염두에 두고 있다). 이런 구분을 설정하게 되면 각각의 구체적 그리스도교 공동체는 그 상황에 따라 제한적으로 서로 교통을 구현하겠으나, 그 제한적인 서로 교통의 종합이 전체 그리스도교 공동체 차원의 서로 교통이어야 하고 실제로 그렇다는 진술을 할 수 있게 된다. 다르게 말하면, 성소수자를 비롯한 모든 소수자들이 어떤 구체적인 그리스도인 공동체에 지금 존재하지 않을 수는 있으나, 어느 그리스도인 공동체라도 항상 소수자들이 이미 '우리' 안에 존재하고 있다는 전제를 가져야 한다는 것이다.

그리스도인 공동체 안에 이미 존재하고 있는 성소수자들 중에는 자신의 성소수자 됨을 그리스도인으로서 자신의 소명 중 하나라고 고백하는 사람들이 있다. 예를 들어 《트랜스젠더와 기독교 신앙》이라는 책은 한 트랜스여성 사제의 고백을 소개한다. "나는 인생에서 오직 두 가지 소명을 갖고 있었다. 하나는 사제가 되는 소명이며, 다른 하나는 여성이 되는 소명이었다." 자신의 '성소수자 됨'이 소명이라면, 이는 성소수자 그리스도인이 성소수자 됨이라는 소명을 실현하는 일이 그리스도인 공동체 내에서 이루어지는 서로 교통의 중요한 요소가 된다는 뜻이기도 하다. 물론 (적어도 지금 여기에서) 성소수자가 아닌 그리스도인들은 다른 소명을 가지고 그 다른 소명을 실현함으로써 성소수자 그리스도인들과 서로 교통할 것이다.

3. 성소수자의 구원과 세계의 구원

성소수자의 존재가 개입할 때 그리스도교 공동체에 대한 사유에 지금까지 말한 것과 같은 변화가 일어난다면, 그리스도교 공동체에서 일어나는 가장 본질적인 사건인 구원의 경우는 어떠할 것인가?

일반적으로 그리스도교 내부 지평에서 구원이라는 단어 앞에는 '개인' 혹은 '영혼'이라는 말이 붙는다. 두 말이 거의 호환 가능한 것처럼 쓰이는 경우도 많다. 이때 '개인 구원' 혹은 '영혼 구원'이라는 말은 한 개인이 제도 교회에 소속할 것을 필요충분조건까지는 아니더라도 필요조건으로 요구하는 경우가 대부분이다. 즉, 개인 구원/영혼 구원이라는 말과 제도 교회 소속원의 숫자를 늘리는 것이 사실상 동의어로 사용되고 있다(물론 개인 구원/영혼 구원은 다른 종교나 혹은 종교 외 영역에서도 "제도 종교의 소속원 숫자를 늘린다" 이외의 다른 의미를 가지고 사용될 수 있는 말이다).

개인 구원이라는 말이 그리스도교 내부 지평에서 "소속원 숫자를 늘린다"의 의미로 주로 사용되는 경우, '사회참여'라는 말과 파트너 구조를 이루게 되는 경우가 많다. 개인 구원과 사회참여라는 두 범주의 관계가 순기능적인지 역기능적인지에 대한 의견은 팽팽하게 갈리며, 이 의견이 갈리는 지점이 그리스도교 지평에서의 이른바 '진보'와 '보수'를 가르는 지점 중 하나인 경우도 있지만, 순기능적이건 역기능적이건 이 두 범주 사이에 파트너 구조가 성립한다는 점은 다르지 않다. 그런데 (그리스도인) 성소수자의 존재가 개입할 때, 이 개인 구원/사회참여라는 파트너 구조는 과연 성립할 수 있을 것인가?

개인 구원, 특히 사회참여와 파트너 구조를 이루는 개인 구원이라는 범주는 개인의 '영혼' 영역은 그 개인의 삶 내의 사회적 지평과 철저하게 구분되며 그런 구분을 전제하는 영혼에 대해 구원이라는 영향력을 미칠 수 있다는 전제하에 성립한다. 그렇다면 이렇게 물을 수 있다. 성소수자의 영혼을 구원하는 일이 성소수자로 살아도 괜찮다고 인정받는 일 없이 가능할 수 있을까?

이는 성소수자로 살아가는 것은 죄라고 하는 경우에도 마찬가지이다. 그런 전제대로라면 구원이란 죄를 '회개'해야 가능한 것일 테니, 결국 성소수자로 살아가는 삶을 완전히 소멸시켜야만 가능한 일이 되기 때문이다. 완전한 인정이냐 완전한 불인정이냐로 날카롭게 대립하더라도, 양쪽 모두 성소수자라는 정체성이 그 사람의 '영혼 구원'과 밀접한 관련을 맺게 된다는 점에서는 동일하다.

이렇듯 성소수자로 살아가면서 사회적으로 차별을

겪고 그렇게 살아도 괜찮다는 인정을 받기가 어렵다라는 문제가 영혼 구원의 핵심 문제 중 하나라면, 이 지점에서 영혼 구원이란 애당초 사회적 차원과 근원적으로 엮이게 된다. 따라서 앞에서 지적한, 사회참여와 파트너 구조를 이루는 개인 구원이라는 범주는 아예 성립할 수 없게 된다. 이렇게 볼 때 성소수자뿐 아니라 다른 소수자들에 대해서도 역시 개인 구원이라는 범주는 성립할 수 없다. 그들 역시 사회적으로 차별을 겪고 그렇게 살아도 괜찮다는 인정을 받기가 어려운 사람들이므로.

그렇다면 성소수자를 비롯한 여러 소수자들이 아닌 다른 사람들에게는 개인 구원이라는 말을 적용할 수 있을까? 일단 그리스도교가 이야기하는 구원은 그 성격상 이 사람에게 다르고 저 사람에게 다를 수 없다는 점에서 이 지점에서도 역시 개인 구원이란 범주는 성립할 수 없게 된다. 조금 더 깊이 따져 보면, 소수자들의 구원이 그들 삶 속의 사회적 차별과 불인정의 문제와 연관이 된다면, 그 차별과 불인정에는 사회에 살고 있는 '우리 모두'가 관련되어 있다는 말이 된다. 따라서 소수자들의 구원을 위해서는 우리 모두가 어느 지점에서든 자신의 잘못을 인정해야 한다. 이때 필요하게 되는 단어가 회개일 것이다. 이렇게 생각할 때 개인 구원이라는 범주는 더더욱 성립 불가능하게 되고, 그와 파트너 구조를 이루는 범주로서의 사회참여 역시 필요 없게 된다. 개인의 주체성 자체가 이미 자본주의/소수자 차별의 구조에 던져져 그 가운데 성립한다는 점에 주목하면서 모색하는 단일 범주로서의 구원만이 존재하게 될 것이다.

성소수자를 비롯한 여러 소수자들의 삶이 개입할 때 구원이라는 범주가 이렇듯 동요한다는 점을 민중신학의 입장에서도 따져 볼 수 있다. 민중신학 구원론의 핵심이 민중 메시아론이라고 할 때, 이 민중 메시아론은 '민중이 구원을 이룰 수 있는 가능성을 갖고 있으며 그 역량을 실제로 발휘한다/발휘할 것이다'라는 의미(덧붙여 그 가능성과 역량에 대한 이해도 기존의 자본주의적/소수자 차별적 척도와는 다른 척도로 이해해야 한다는 의미)로도 이해되지만, 민중이 고난받는 현실이 사회와 (그 사회 구성원으로서의) 개인이 모두 그 앞에 소환되어 현재의 정체가 드러나는 시험대가 되어 그 시험대를 거쳤을 때 현재의 세상이 어떻게든 그냥 그대로 머물러 있을 수는 없게 된다는 의미로도 이해된다. 후자의 의미로 이해될 경우 민중 메시아론이 말하는 구원이란 현재의 정체가 드러난 모두가 '구원'이라고 순순히 수락하는 것일 수 없으며, 이를 구원이라고 선언하는 것 자체가 정체가 드러난 모두가 얽혀드는 투쟁을 촉발하는 일이 된다. 이렇게 볼 때 성소수자를 비롯한 여러 소수자들의 삶이 구원이라는 범주에는 물론 한국 사회에 일으킨 동요를 민중 메시아론과 겹쳐 읽을 수 있을 것이다.

4. 소수자가 흔들어 놓는 삶, 그리고 하느님

위에서 구원에 대해 이야기했는데 그렇다면 그 구원의 결정적 통로로 그리스도교가 이해하는 예수 그리스도를 개입시키면 어떤 이야기들이 나올 수 있을까?

앞에서 간단히 언급했지만 현재의 그리스도교 교리

체계, 특히 칼케돈 신조에 따라 예수 그리스도를 "완전한 하느님이자 완전한 인간"으로 이해하는 체계에서는 신성은 인간성과 분리되어 파악될 수 없다. 그렇다면 신이라는 범주에 대해 이야기하려면 항상 인간이라는 범주에 관여된 모든 현상을 살피지 않으면 안 된다는 생각이 가능하다. 물론 이는 쉬운 일이 아니므로 미처 살피지 못한 영역에서 뒤통수 맞을 가능성을 항상 염두에 두어야 할 것이다. 한 가지, 이 지점에서 성소수자 반대를 운운하는 모든 언행은 '인간이라는 범주에 관여된 모든 현상'에서 성소수자를 자의적으로 제외하겠다는 말이 되므로 인간성과 분리되어 파악될 수 없는 신성에 대해서도 자의적인 제한을 두겠다는 일종의 신성모독이 된다는 것을 간단하게 짚어두자.

한편 칼케돈 신조의 체계는 반대로 '인간성 역시도 신성과 분리되어 파악될 수 없다'고도 해석될 수 있다. 과연 신성의 본질적 측면이 무엇인지에 대해서는 의견이 갈리겠지만, 신성이라는 범주가 인간과 자연을 포함한 현재의 세계로 모두 환원되지 않는/환원될 수 없는 가능성의 영역을 상정하고 작동한다는 점에는 대체로 동의할 것이다. 앞에서 인간성의 영역 내에 이미 "미처 살피지 못한 영역에서 뒤통수 맞을 가능성"이 존재함을 보았다면, 인간성을 신성과 분리해서 파악할 수 없게 된다면 이 '뒤통수 맞을 가능성'이 더 넓어질 것이기 때문에 뒤통수 맞을 가능성을 항상 염두에 두어야 한다는 말이 될 것이다. 이는 신성이라는 범주를 바로 그 뒤통수 맞을 가능성을 중심에 두고 이해하는 것이 자연스럽다는 뜻이 된다. 앞에서 성소수자를 비롯한 제반 소수자들이 고난받는 현실이 현재의 세상을 그냥 머물러 있을 수 없게 하는 시험대가 되는 것이 구원의 핵심 포인트라고 논했었는데, 이제 이 말에 소수자들의 현실이 사람들의 뒤통수를 때릴 가능성이 되는 자리에서 신성의 현현을 감지할 가능성이 높다는 주석을 붙여도 될 것이다. 이때 뒤통수 맞을 가능성을 염두에 두고 신성을 이해하는 것이 자연스럽다면, 신이 따라야 할 어떤 '모범'으로 이해될 수는 없을 것이다.

지금까지 논의한 인간성과 신성의 밀접한 관련이라는 전제를 염두에 두고, 성소수자와 관련된 인간의 자리 중 자녀와 부모의 관계에 대해서 살펴보자. 자녀와 부모의 관계는 성소수자가 관련될 경우 상당히 격렬한 반응을 일으키는 경우가 많다. 한편에서는 이른바 "네 자식이 동성애자라도 용인할 수 있겠느냐", "여자 사위, 남자 며느리를 받아들일 수는 없다" 운운하며 자녀와 부모의 관계가 성소수자를 거부하는 결정적인 근거가 되는 것인 양 호도하는 언어를 손쉽게 발설한다. 그런데 다른 한편에서는 자녀와 부모의 관계가 성소수자 자녀를 받아들이는 가장 중요한 요인 중의 하나가 된다(물론 받아들이기 전에 전자와 같은 언행을 보이는 경우도 꽤 있다). 즉 자녀와 부모의 관계를 두고 흔히 상정되는 엄중함은 성소수자에 대한 배제/반배제 양쪽 모두의 가능성을 배태한 논쟁적 요소인 것이다.

이런 엄중함은 다음과 같은 현상을 낳는 한 요인이 된다. 즉, 성소수자 자녀와 부모의 관계에서 부모가 자녀를 받아들이기로 한 경우 성소수자 당사자인 자녀의 자리와는 별도로 '성소수자 부모'라는 또 다른 성격의 소수자의 자리가 등장하게 되며, 이에 상응하는 모임으로 '성소수자 부모 모임'이 존재한다. 이러한 현상을 소수자성이 전염된다는 말로 서술할 수 있을 것이다. 소수자성의 전염 현상을 포착할 때, 이러한 전염은 그 깊이의 차이는 있겠지만 앨라이들 역시 경험하게 될 것이며, 이렇게 계속 전염되는 소수자성이 어떠한 충돌을 몰고 오느냐 하는 것이 각자의 시공간에서 구원의 발생과 신성의 현현을 감지하는 실마리가 될 것이다.

5. 반차별적 관점으로 성서 읽기 1
  : 창세기 2장과 성별 체제

지금까지 논의해 온 반차별적 관점에서의 신학적 사고의 재검토가 성서 읽기에는 어떠한 변화를 가져올 수 있을까. 엄밀한 성서학적 성서 읽기는 나의 능력 밖이지만, 반차별적 입장을 가진 독자로서의 성서 읽기를 두 가지 제시하고자 한다.

본격적인 성서 읽기에 들어가기 전에 먼저 간단히 짚어 두고 싶다. 이른바 "성서에 동성애가 죄라고 나와 있다"라는 주장에 대한 언급이다. 이런 주장에 대해 크게 두 가지 언급이 가능할 것이다. 첫 번째로는 성서를 구실로 한 성소수자 혐오는 성서를 구실로 한 이른바 창조과학 주장과 거의 동형의 구조를 가지고 있다는 점이다. 양쪽 모두 특정한 성서관에 입각해 "성경이 진리이다"라는 진술을 방어하겠다는 구실로 자신들 내부에서만 통하는 이상한 담론을 만들어 내어 그리스도교 지평에서 패권주의 싸움을 한다는 점에서 그렇다. 두 번째로, 성소수자 혐오의 경우에는 그 이상한 담론을 근거로 삼아 거짓말과 과장을 서슴지 않으면서 동료 시민을 시민의 자격이 없는 비자격자로 깎아내리기까지 한다는 점이다. 즉, "성경이 진리이다"라는 진술을 방어하는 것이 거짓말, 과장, 혐오의 죄를 조장하는 일로 이어지는 것이다.

우선 창세기 2장 후반부를 살펴보자. 창세기 2장 후반부에서는 하느님이 흙(아다마)으로 사람(아담)을 만들고 그 사람이 있을 에덴동산도 만든다. 그런데 그러고 나니 그제야 사람(아담)에게 짝을 만들어 주어야겠다는 생각이 들었는지 다른 동물을 만들었지만 사람(아담)의 짝이 될 존재는 그 중에 아무도 없었다. 그래서 사람(아담)을 잠들게 한 다음 갈비뼈를 뽑아 '여자'를 만들었다.

이 이야기에서 주목할 점은, 사람(아담)에게 짝을 만들어 주려고 시도하기 전에는 사람(아담)이 남자로 규정되지 않는다는 점이다. 즉 이 시기에는 성별 구분이 작동하지 않다가 '여자'의 등장으로 비로소 성별 구분이 작동하게 된다. 이를 두고 두 가지 방향의 독해가 가능할 것이다. 한 방향은 '여자'가 등장하기 이전 시기를 성별 구분이 작동하지 않던 시기로 보는 것이고, 다른 한 방향은 '여자'가 등장하기 이전 시기를 다른 성별의 존재조차 상정하지 않은 채 '남자'로서의 사람만이 존재할 수 있다고 간주되던 시기로 보는 것이다.

전자의 독해를 선택할 경우 성별 구분이 존재하지 않는 것이 하느님의 창조의 원래 의도에 가까웠다는 해석이 가능하다. 반면 후자의 독해를 선택한다면 다른 성별의 존재조차 상정하지 않은 채 '남자'로서의 사람이 존재하는 세상이 좋지 못한 세상임을 바로 알게 되어 '여자'가 등장하는 새로운 성별 구조로 이행했다는 독해로 이어질 수 있다. 이와 같은 독해의 연장선상에서 생각한다면, 여자가 등장하여 사람(아담)이 남자로 규정된 이후의 세상을 서술할 때 등장하는 "남자가 부모를 떠나 여자와 한 몸을 이룰 것이다"라는 구절에 대해서도 다른 해석이 가능하다. 이 구절은 흔히 성소수자를 배제하는 구실로 종종 거명되지만, 지금의 맥락에서는 이 구절 앞에 새로운 성별 구조로의 이행이 일어났다는 전제가 있으므로, 오히려 부모를 떠난다는 말에서 암시되는 기존 질서에서의 이탈과 새로운 질서로의 진입으로 독해될 수 있다. 이런 독해를 전제한다면 창세기 2장에서 작동하는 새로운 성별 구조로의 이행이 지금 우리의 시공간에서는 어떻게 이루어져야 하는가를 물을 수 있을 것이다.

6. 반차별적 관점으로 성서읽기 2
  : 누가복음 20장과 부활의 의미

다음으로 누가복음 20장의 예수와 사두개인들의 대화를 살펴보자. 이 대화에서 사두개인들은 일곱 형제가 차례로 죽는 바람에 형사취수제(형이 죽으면 동생이 형수와 혼인하는 제도)에 따라 그들과 차례로 결혼해야 했던 여인의 예를 들면서 이 여인이 부활하면 일곱 형제 중 누구의 아내가 되겠냐고 묻는다. 그들의 말은 부활이란 이런 부조리함을 유발하는 일이므로 불가능하다는 뜻이었을 터다. 예수의 답은, 부활한 이후에는 결혼이란 것을 아예 하지 않는다는 것조차 모르는 걸 보니 사두개인들이 부활에 대해 알지도 못하면서 엉뚱한 질문을 했다는 것이었다. 여기서 다음에 붙는 예수의 첨언이 흥미롭다. 히브리성서의 "나는 아브라함의 하느님이고 이삭의 하느님이고 야곱의 하느님이다"라는 말을 "하느님은 죽은 자의 하느님이 아니라 산 자의 하느님"이라고 해석한다. 이어 다른 복음서와 달리 누가복음에는 다음과 같은 구절이 덧붙는다. "하느님에게는 모든 사람, 즉 죽은 사람이라도 다 산 사람이다." 예수는 이러한 첨언이 자신이 처음에 한 대답, 즉 사두개인들이 부활에 대해 알지도 못한다는 말의 또 다른 근거가 된다고 말한다.

위의 인용에서 "하느님에게는 모든 사람, 즉 죽은 사람이라도 다 산 사람이다"에 주목한다면 부활의 의미란 죽은 사람이라도 산 사람처럼 간주해야 한다는 의미가 된다. 그렇다면 이런 질문을 던져 볼 수 있다. 사두개인들이 부활이 부조리하다고 말할 수 있었던 이유는 현세의 질서는 정당하지만 그것을 질서가 전혀 다른 내세에도 적용하려고 해서인가, 아니면 사실은 현세의 질서 자체가 내세의 질서에 비추어 볼 때 부조리한 것인데 그것을 거꾸로 봐서인가?

죽은 사람이라도 산 사람처럼 간주해야 한다는 말을 고려한다면 죽은 사람이 속하는 내세의 질서가 산 사람이 속하는 현세의 질서와 다를 이유가 없을 것이다. 그렇다면 앞 문단의 질문의 답은 후자, 즉 "현세의 질서 자체가 내세의 질서에 비추어 볼 때 부조리한 것인데 그것을 거꾸로 봐서"일 것이다. 가부장제를 비판하는 입장에서 본다면, 당대에는 형사취수제의 형태로 나타난 이성애적 결혼 질서 그 자체도 '내세의 질서에 비추어 볼 때 부조리한 현세의 질서'의 예로 사고할 수 있다.

지금까지 이야기한, 죽은 사람이라도 산 사람처럼 간주해야 한다는 말을 성소수자의 지평에서 살펴보면 다음과 같은 이야기들이 가능하다. 매년 4월 마지막 주 육우당 추모일에 맞추어 열리는 '혐오와 차별에 희생된 이들을 기억하는 추모 기도회'에서 오고가는 말이 있다. "오늘까지 살아서 이 자리에서 얼굴을 봤으니, 내년에도 살아서 이 자리에서 얼굴을 보자"는 말이다. 이 말은 육우당을 추모하는 자리가 육우당이 겪은 죽음이라는 운명을 추모제 참가자들도 일정 부분 공유하고 있음을 느끼는 자리라는 의미일 것이다.

죽음이라는 운명의 공유와 관련하여 좀 더 자세히 살펴볼 수 있는 사례들이 있다. 성소수자 당사자들이 쓴 글 중에는 자신이 죽음을 맞았을 때의 상황을 서술한 글들이 있다. "퀴어들의 그림자가 남김없이 들추어질 때는 다름 아닌 그들 중 하나가 유명을 달리했을 때다. 가족에게 커밍아웃하지 못한 퀴어의 경우, 그의 빈소는 함부로 생전 고인의 정체를 발설하지 말아야 할 함구의 장이 된다. 또는 석연찮은 이유로 목숨을 잃은 경우라면, 고인의 사인은 빈소에서조차 함부로 캐묻지 말아야 하는 침묵의 공동 속에 내버려진다. 그런 공간에서 고인의 죽음이 적확히 추모되기란 힘들다. 말하자면 그는 죽어서까지도 벽장 속 신세에 머무는 것이다."[01] 이 문장을 쓴 저자는 '석연찮은 이유'의 예로 자살, 에이즈 합병증, 약물 과다 복용 등을 들고, 이런 경우 고인의 사인이 다른 사인으로 대체되어 알려지기 일쑤라서 고인의 사인에 대해 말을 삼가게 된다고 지적한다. 그런 석연찮은 이유가 없는 죽음이라고 해도 당사자의 죽음이 주위에 미칠 영향을 고려해 말을 삼가게 되기 때문에, 결국 퀴어의 죽음을 두고 그 죽음에 대해 섣불리 슬퍼해서는 안 되는 묵계가 흐르게 된다는 것이다. 김대현의 표현을 빌리면 이 묵계는 "주말마다 게토에 모여 밝게 웃는 퀴어들이 실은 소수자임을 드러내는 뼈저린 증거"다.

성소수자 혐오의 핑계로 가장 많이 사용되는 HIV/에이즈 이슈에 대한 당사자들의 정동 역시 그 이슈의 속성상 죽음의 문제와 많이 연관된다. 1980~90년대 HIV/에이즈로 인해 사회적 매도를 당했던 북미 퀴어 공동체의 상황과 투쟁을 다룬 더글러스 크림프Douglas Crimp의 《애도와 투쟁》은 당시의 상황을 아무런 준비도 되어 있지 않은 상태에서 연인, 친구, 지인을 떠나보내는 상상할 수 없는 상실과 아픈 친구들에 대한 돌봄을 감당하는 일이 지속되었다고 서술한다. 그리고 동시에, 당시의 상황은 친구들이 세상을 떠나는 가운데 자기 자신에 대한 HIV/에이즈 불안도 스스로 오롯이 감당해야 하는 상황이기도 했으며 이런 고통이 오히려 사회적 비난(보수적인 일부 동성애자들까지 가담하는)의 근거가 되었다. 이러한 상황에서 북미 퀴어들은 자발적으로 세이프섹스 등을 비롯한 HIV/에이즈 대책을 마련해야 했고, 파괴된 공동체와 문화를 스스로 복원해야 했고, 성적 친밀감과 성적 쾌락을 (예전의 친밀감과 쾌락을 일정 부분 포기하면서) 새롭게 구축해야 했다.

한국에서도 HIV/에이즈 이슈와 관련된 성소수자 커뮤니티 내의 상황은 복잡하다. HIV 감염인이 혐오의 핑계가 되는 것은 물론 커뮤니티 내부에서도 곱지 않은 시선이 존재한다. 또한 의료 인류학자 서보경이 쓴 《휘말린 날들》에 소개된 대로, 감염인 스스로도 특히 꾸준히 위헌 심사의 대상이 되고 있는 '전파매개행위죄' 문제와 관련될 경우 자신의 감염을 "받은 피해" 또는 "끼친 가해"로 인식하여 마음고생을 하는 경우들이 꽤 존재한다.[02] 하지만 다른 한편에는 2013년 경기도의 한 요양병원에 수용되어 인권침해를 당하다가 숨진 에이즈 감염인을 '김무명'으로 이름 짓고 추모하는 흐름을 위시하여, HIV 감염 당사자들의 발언과 운동 역시 존재한다. HIV 감염 당사자이기도 한 시각예술가 이정식은 성소수자 지인이 일본에서 성노동자로 일하다가 살해당한 뒤 (그 역시 HIV 감염인이었음을 알게 되고) 사회적 멸시와 가족의 은폐를 겪는 데 분노하여 자신과 감염인 동료들이 먹는 HIV 치료제를 녹여 그것을 캔버스 삼아 작품을 만드는 작업을 하면서 HIV 감염에 관련된 (자신도 연루된) 성소수자 전체의 공유된 운명을 돌아본다.

이렇듯 죽음과 관련된 운명이 성소수자 커뮤니티 사람들에게 어떻게 공유되는가를 살펴보다 보면, 그 죽음에 얽힌 한 맺힘과 간절함의 공유는 물론이고 그 죽음에 관련된 불편함과 오명까지도 공유되는 현상이 관찰된다. 즉 북미 퀴어 커뮤니티가 HIV/에이즈와 관련해 자신들의 삶을 전반적으로 재조직해야 했듯이 죽음과 관련된 운명이 공유됨으로써 자기 삶에 빚어지는 불편함을 감수하는 현상과, 이정식의 경우에서 보듯이 그 죽음이 오명과 관련되어 있더라도 그 오명을 부인하려 하기보다는 그 오명에 항의함으로써 오명까지 공유하는 현상이 나타는 것이다.

앞서 다루었던, 이미 죽은 사람이라도 모두 산 사람

으로 간주되어야 한다는 부활의 해석은 이러한 불편함과 오명의 공유의 의미를 포괄할 때 더 깊숙한 의미를 획득할 수 있을 것이다. 우리 삶에 불편함이나 오명의 지점이 없을 수는 없고, 그 불편함 혹은 오명은 한 맺힘과 간절함을 낳게 하는 현실의 귀결 중 하나이기도 하기 때문이다. 이때 불편함과 오명, 특히 오명이 앞에서도 짚었듯이 부인의 대상이 되지 않는다는 점에 주목할 필요가 있다. 흔히 소수자에게 오명을 뒤집어씌우려는 혐오 프로파간다가 발생할 때 그에 대응하는 언명으로 등장하기 쉬운, "그런 오명은 일부의 경우일 뿐이며 혐오 대신 관용을 베풀면 오명이 없는 삶을 살 수 있다"는 식의 부인의 대상이 되지 않는다는 것이다.

앞에서 육우당의 사례를 언급했지만, 최근의 임보라 목사(2023년 별세)나 트랜스젠더 활동가 이연수(2024년 별세) 등도 '산 사람으로 간주되어야 하는 죽은 사람'에 겹쳐 볼 수 있을 것이다. 단, 이들이 어떤 '특별한' 존재이기에 겹쳐 보자는 것이 아니라 소수자의 전위라는 일반적인 현상을 겪었던 '우리' 중 하나라는 의미에서 겹쳐 보자는 것이다. 죽은 사람 중에 특정한 누군가가 아니라 모든 죽은 사람이 다 산 사람처럼 간주되어야 하는 것이라면 말이다.

여기서 죽은 사람이 다 산 사람처럼 간주되어야 한다는 말에 대해 신학적으로 조금 더 자세히 살펴볼 수 있다. 이미 죽은 사람이라도 모두 산 사람으로 간주되어야 한다는 부활의 해석 근거는, 하느님에게는 모든 죽은 사람이 다 산 사람으로 간주된다는 예수의 언명이다. 이 언명의 문면상으로는 하느님이 먼저 선행해서 존재하고, 그 하느님에게는 모든 죽은 사람이 다 산 사람으로 간주된다. 그런데 사건의 발생을 신성神性을 식별하는 실마리로 삼는 민중신학의 구조에서는 이 언명의 해석이 반대 방향이 될 수 있다. 즉, 모든 죽은 사람을 다 산 사람으로 간주하는 사건이 일어날 때 그 일이 바로 부활이며 신성의 발현이라는 것이다.

    모든 죽은 사람을 다 산 사람으로 간주하는 일이 현실에서 일어난다는 것은 앞에서 계속 이야기한, 죽은 사람의 운명을 산 사람이 공유하는 일이 일어난다는 뜻이 될 것이다. 이때 짚고 넘어갈 필요가 있는 점은, 이 공유는 산 사람들의 주도와 통제하에서 발동된다기보다 죽은 사람들의 죽음의 영향 아래에서 발동되는 측면이 더 강하다는 점이다. 다시 말해 죽은 사람의 운명을 산 사람이 공유한다기보다는, 죽은 사람의 운명이 산 사람에게 공유된다는 표현이 더 적절할 수 있다.

    죽은 사람의 운명이 산 사람에게 공유되는 일이 일어날 때 부활이 일어나고 신성이 발현되는 것이라면, 그리스도교의 신성은 인간성의 모든 요소와 긴밀히 관련되는 신성이므로 부활이 일어나는 자리는 인간성의 더 넓은 요소들과 연결되는 자리가 될 수 있다. 그렇다면 부활이 일어나는 자리, 죽은 사람의 운명이 산 사람에게 공유되는 자리는 궁극적으로 퀴어 당사자와 앨라이라는 구분까지도 소수자의 전위를 통해 해소할 가능성을 열어 주는 자리이기도 할 것이다.

주

01 김대현, 《세상과 은둔 사이》, 오월의봄, 2021, 172쪽.
02 서보경, 《휘말린 날들》, 반비, 2023, 319~320쪽.

참고문헌

김대현, 《세상과 은둔 사이》, 오월의봄, 2021.
서보경, 《휘말린 날들》, 반비, 2023.

05

왜 죄인들과 함께 먹습니까?
감리교단의 이동환 목사 출교를 보며
예수를 다시 생각하다[01]

정혜진
(차별과혐오없는평등세상을바라는그리스도인네트워크 집행위원)

1. 성소수자 환대 목회로 출교당한
최초의 목사와 예수의 논쟁 대화

2024년 3월 4일, 이동환 영광제일교회 목사에 대한 출교 결정이 내려졌다. 이동환 목사가 그가 속한 기독교대한감리회 경기연회의 출교 선고에 불복하고 항소했지만 총회재판위원회가 이를 기각하면서 출교가 확정된 것이다. 이 결과에 따르면 이제 그는 감리교 목사도, 감리교인도 아니다. 이는 지난 1992년 감리회 서울연회 재판위원회에서 감리교신학대학교 변선환, 홍정수 교수가 종교다원주의와 예수의 부활 이해에 대한 신학적 입장을 근거로 출교당한 지 32년 만에 벌어진 일이다.

발단은 이동환 목사가 2019년 8월 31일 제2회 인천퀴어문화축제에 참여하여 진행한 축복식이었다. 그곳에 함께했던 사람들이 기억하고 있는 축복의 한 구절을 인용해 본다. "우리의 삶, 우리의 숨, 우리의 사랑과 시간이 모두 하나님의 축복 속에 있나니, 하나님께서 우리와 함께하십니다. 이 땅의 다양한 소수자와 함께하십니다. 이곳에 모인 모든 이들과 춤추며 웃고 떠드시는 우리들의 하나님. 우리에게 주어진 행복을 지켜 내며 더 많이 사랑받게 하소서. 더 많이 사랑하게 하소서!"[02]

    이 축복이 어째서 이동환 목사가 처벌받을 사유가 되는지 필자는 도무지 알 수가 없다. 그런데도 그를 기소한 경기연회 자격심사위원회나 그에게 '정직 2년'을 선고한 동 연회 재판위원회는 이 축복이 "동성애를 찬성하거나 동조하는 행위"에 해당된다고 해석했다(2020년 10월 20일 판결). 이동환 목사가 총회에 항소했음에도 재심에서 판결이 확정되었다. 고단한 과정이었을 텐데, 그리스도의 사랑으로 사회적 소수자를 포용해야 한다는 그의 신앙과 신념은 전혀 위축되지 않은 듯하다. 2년의 정직 기간을 보내는 동안 이동환 목사는 퀴어-앨라이 단체 '한국 교회를 향한 퀴어한 질문, 큐앤에이'를 설립하는 등 성소수자 환대 목회를 더 열심히 이어 갔다. 경기연회는 다시 그를 기소했고, 결국 2024년 교단법상 최고형인 출교가 선고되었다.

    이동환 목사의 투쟁에 연대해 온 한 사람으로서 또 한 번의 항소 결과를 기다리며 일말의 기대를 가졌음을 고백하고 싶다. '일말'의 기대인 이유는 이 기회에 감리교단이 성소수자들에게 보여 온 몰이해와 차별적인 입장에서 전향적으로 돌아서리라고는 생각하지 않았기 때문이다. 다만 앞서 경기연회의 재판 과정에 절차적으로 명백한 하자들이 있었다는 점에서, 이 부분만 인정된다면 원심이 유지되지는 않으리라 생각한 것이다. 경기연회 재판과 다르게 "처음으로 재판답게" 진행되었다는 후기도 있었기에 출교가 아닌 결정이 나오리라 낙관했던 것도 사실이다.[03] 그러나 그 기대는 여지없이 깨어졌다. 막상 출교 확정이라는 결과를 마주하니 참담했다. 절차적 하자를 모두 부인하면서도 부당하게 전가된 재판 비용의 일부를 경기연회가 부담하게 하는 모순적 결정, "교회 모함과 악선전"이라는 사유까지 추가로 인정한 판결을 보면 유감스럽게도 경청하는 척했을 뿐 그들에게 어떤 성찰이 있었던 것 같지 않다.

지난 4년여의 시간 동안 이동환 목사가 겪은 지난한 과정 뒤에는 기독교대한감리회 〈교리와 장정〉 재판법 제3조 8항이 있다. 이 조항은 "마약법 위반, 도박 및 동성애를 찬성하거나 동조하는 행위를 하였을 때"를 처벌 가능한 범과로 규정한다. 기존에 "음주·흡연, 마약법 위반과 도박 등을 하였을 때"였던 규정에 '동성애를 찬성하거나 동조하는 행위'를 추가하여 개정한 것이다(2015~2016년). 어떻게 마약법 위반과 도박을 '동성애'와 같은 선상에 놓느냐고 불쾌해 하는 이들도 많고 그 기분이 십분 이해되지만, 엄밀히 말해 마약법을 위반하거나 도박을 '직접 하는' 것과 동성애라는 타인의 행위에 대해 '찬성, 동조하는' 2차적 행위 혹은 입장을 동일한 선상에 놓았다는 점에서 참 이상한 조항이다.

이동환 목사의 재판을 도운 신하나 변호사는 이 문구가 국가보안법을 참조한 것 같다는 의견을 제시하기도 했는데[04], 아닌 게 아니라 "반국가단체나 이적 행위를 찬양·고무하는 것을 금지"한다는 문구가 힌트가 되었을까. 졸

속으로 개정된 제3조 8항은 이후 많은 비판을 받았다. 그럼에도 이미 진행된 입법을 돌리는 일은 쉽지 않았고, 사실 이 조항이 이렇게 빨리 효력을 발휘하리라 짐작한 이도 많지 않았을 것이다. 이제 정직 2년과 출교 처분을 연이어 받은 이동환 목사는 〈교리와 장정〉 제3조 8항을 적용하여 최고의 처벌을 받은 최초의 사례가 되었다.

문화연구자 엄기호는 이동환 목사의 첫 재판 이후 보안법의 시대가 도래했다고 말하기도 했는데, 지금의 상황을 보니 정말 적절한 통찰이다.[05] 이동환 재판 과정에서 드러난 감리교단의 행태는 한 교단의 문제라기보다는 성소수자를 혐오하는 보수 개신교의 행태를 집약적으로 보여주고 있다. 감리교단 외에도 동성애에 대한 입장을 교단법으로 규제하려는 시도들이 이어졌고, 지금도 행해지고 있다. 사실 이러한 행태는 성소수자라는 특정 집단에서 출발한 문제가 아니라 '나를 지키기 위해 안보를 해친 너를 없애겠다'는 공포정치의 실행이다. '이동환 출교'라는 최초의 사례가 선례가 되어 제2, 제3의 이동환이 나올 것이 심히 염려되는 상황이다. 감리회 〈교리와 장정〉 제3조 8항, 13항[06]을 비롯한 동성애 차별법의 폐기가 시급히 요청되는 이유다.

이 상황을 보면서 필자는 기독교대한감리회의 〈교리와 장정〉이 전제하는 것처럼 동성애가 성서에 근거할 때 과연 죄인가 하는 문제는 어쩌면 부차적일지도 모르겠다고 생각했다.[07] 오히려 문제는 자신들의 신앙이나 견해와 다른 입장을 가진 사람들의 입장과 실천(그 역시 그들의 신앙에 근거할 것인)을 통제하려는 경향에 있는 것으로 보인다.

그동안 이동환 목사의 싸움은 한 개인의 신앙적 자유와 존엄이 교권에 의해 짓밟히는 현실을 목격하고, 그 배후의 제3조 8항이 얼마나 반인권적인지 실감하는 시간이었다. 졸속으로 개정된 법조문 하나가 한 목회자의 신앙적 실천을 규제하고 나아가 출교하는 단초가 되다니 유감스럽기 그지없다.

복음서를 전공한 성서학도로서 필자는 작금의 상황을 지켜보며 예수 이야기를 가장 먼저, 그리고 자주 떠올렸다. 예수도 당시 천대를 받는 존재였던 세리를 제자로 부르고, 세리와 같은 '죄인들'과 함께 밥을 먹었다는 이유로 비난을 받았다. 'Q자료'라고 불리는 마태복음과 누가복음의 공통 전승에 따르면 그는 "세리와 죄인의 친구"라고 비난을 받았다(마태복음 11:19, 누가복음 7:34). 또한 마가복음과 그 병행 본문에는 죄인들과 함께하는 예수가 보다 온건하게 질문을 받은 적도 있었다고 기억된다. 이 질문을 계기로 예수는 자기의 실천을 변호한다. 감리교단의 행태를 보면서 동성애 혐오적인 몇 구절의 해석을 바꾸는 것보다 더 중요한 과제는 저 그리스도인들에게 과연 예수의 정신과 실천을 되새기며 그를 따르겠다는 의지가 있는가라는 근본적인 문제 제기라는 생각이 들었다. 이러한 문제의식에서 출발해, 이 글에서는 소위 '논쟁 대화'라고 불리는 공관복음서(마태, 마가, 누가의 세 복음서를 통틀어 이르는 말. 구조와 내용의 유사성이 높다)의 본문에 나타난 예수의 실천과 자기 변호에 비추어 이동환 목사가 출교당한 오늘의 상황을 읽어 보는 대화적dialogical 읽기를 시도해 보고자 한다.

2. 처음에 예수의 조건 없는 초대가 있었다!

마가복음 2장 13-17절과 그 병행 본문들은(마태복음 9:9-13, 누가복음 5:27-32) 예수가 사회의 특정 집단에 의해 소위 '죄인'이라 불리던 사람들을 차별 없이 '하느님 나라 운동'의 지도자와 일원들로 불렀다고 전한다. 최초의 버전인 마가복음에 따르면, 예수는 "때가 찼다. 하느님의 나라가 가까이 왔다. 회개하여라. 복음을 믿어라"라는 선포와 함께 공적 활동을 시작했다(1:15). 예수의 하느님 나라 운동은 처음부터 그 혼자만의 활동이 아니었다. 예수는 시작부터 갈릴리의 어부 넷을 제자로 부르더니(1:16-20) "세관에 앉아" 세리 일을 하던 이까지 "나를 따르라"고 부른다(2:14). 마태복음은 그를 '세리 마태'로 기억하지만, 마가복음은 '알패오의 아들 레위'라고 기억하는 부름받은 세리의 집에서 곧 예수는 밥상을 두고 앉는다. 많은 사람들이 몰려들었는데, 집주인 레위가 세리이다 보니 동료 세리들이 많았고 그밖에 '죄인'으로 여겨지는 사람들도 많이 동석했다고 한다. 예수의 이 행동이 이어지는 대화의 시작이기 때문에 이것이 왜 문제가 되는지, 과연 세리라는 신분이 무슨 문제인지를 살펴볼 필요가 있다.

사실 '세리'라고 하면 오늘날 우리는 봉급을 받는 세무공무원을 생각하기 쉽다. 하지만 1세기 로마제국 치하 팔레스타인의 세금 구조는 오늘날과 크게 달랐다.[08] 예수와 그의 제자들이 삶을 일구던 갈릴리에서 세금은 갈릴리의 왕(분봉왕) 헤롯 안티파스에게 가는 것이었다. 안티파스는 징수한 세금 가운데 일정액을 로마 황제에게 바치고 남은 것으로 왕국을 유지했다. 최고위직인 안티파스가 직접 팔을 걷어붙이고 나서서 세금을 걷지는 않았을 테고, 최고액을 가져오겠다고 입찰하는 자를 총책임자로 임명하는 식이었다. 임명된 사람은 다시 입찰 과정을 통해 자기 밑으로 몇 사람의 책임자를 두었고, 그들이 또 자기 밑으로 여러 사람의 세리를 고용하는 식이었기 때문에 오늘날의 표현을 빌리면 여러 단계의 외주 하청 시스템이었다고 할 수 있다. 사정이 이렇다 보니 안티파스와 상대하는 고위직 세리에서부터 중간관리자급의 세리장과 갈릴리 호숫가에서 주민들을 직접 만나 세금을 걷고 장부를 기록하는 말단 세리까지 그 계층이 다양했다.

예수가 갈릴리 호숫가를 지나다 만난 레위는 그 중에서 사회의 맨 밑바닥에서 주민들을 상대해야 했던 말단 세리였을 것이다. 그런데 주민들 입장에서 레위와 같은 세리들은 식민 통치의 주체인 로마제국이나 갈릴리 땅에서 로마제국을 대리하는 헤롯 안티파스 정부, 또 그들과 결탁한 엘리트들과 지지층(마가복음 3:6의 '헤롯당'이 여기에 해당될 수 있다)에 대한 분노를 표출할 수 있는 만만한 출구였을 것이다. 최종적으로 세금이 흘러가는 곳은 헤롯 안티파스의 궁전이거나 더 멀리 황제가 있는 로마였으나, 그곳에 좌정한 임금님들은 욕을 하려 해도 너무 멀리, 너무 높이 계셨다. 그러니 주민들로서는 당장 얼굴을 마주 대하고 내 주머니에서 동전을 털어 가는 최하급 세리를 원망하기 쉬웠을 것이다. 세리 입장에서 본다면 "목구멍이 포도청, 생계 수단인 것을 어쩌랴" 하는 억울한 면도 있겠지만, 주민들 입장에서는 제국 또는 토착 권력에 빌붙어 동포를 착취한다는 정치적 거부감도 있었을 것이다.

나아가 이 착취 구조의 일부가 되어 살아가는 세리들에게는 이스라엘의 계약 신앙에 근거해 백성들이 준수하는 율법을 위반한다는 종교적, 도덕적 비판과 정죄도 따라다녔다. 앞서 설명했듯이 세금 징수 체계가 상부에 세금을 상납한 후에도 남는 게 있어야 각자의 생계를 도모할 수 있는 하청 구조이다 보니, 적절한 금액보다 더 걷을 때도 있었고 그 과정에서 십계명이 금하는 '이웃의 것을 탐내는' 착복이나 수탈이 행해지기도 했다. 삭개오 이야기를 떠올려 보자. 삭개오는 말단 세리보다는 급이 높은 세리장이었는데, 예수를 만난 후에 자신이 착복한 것이 있다면 네 배로 갚겠다고 말한다(누가복음 19:8). 이처럼 당시 세리들은 여러 이유에서 정치적, 종교적, 도덕적으로 비난받거나 비난받을 수 있는 집단들 중 하나였다. 특히 종교적, 도덕적으로 비난을 받을 때 그들은 '죄인들'로 통칭되기도 쉬웠을 것이다.

그런 세리 중 하나를 예수가 제자로 불렀다. 거기에는 어떤 조건도 없었다. 앞서 네 제자를 부를 때와 마찬가지로 그저 "나를 따르라"는 권위 있는 부름만 있었다. 마가 이야기 맥락에서 바로 앞 단화와 연결되는 주제 의식도 중요하다. 마가복음 2장 1-12절을 보면, 예수는 마비환자의 질병이 죄 때문일 것이라는 사회적 전제를 의식하고 치유에 앞서 '죄 사함'을 선포한 것으로 보인다. 여기서 예수가 선포한 죄 사함은 먼저 환자의 회개 또는 용서와 관련된 제사 의식을 전혀 요구하지 않았다. 그저 "당신 스스로도 혹 그렇게 생각하고, 사회에서도 당신이 아픈 것이 당신의 죄 때문이라고 말하고 비난할지 모르겠으나, 나는 그저 그 죄를 없애 준다"라는 무조건적 선포가 먼저였다.[09]

이 자리를 함께했던 이들('무리')은 이 조건 없는 죄 사함에 감탄하며 호응했는데, 뒤이어 세리를 향해 '따르라'고 부른 예수의 초대 역시 자신의 집을 여는 레위의 응답으로 이어진다. 예수와 한 세리의 만남은 많은 세리들과 죄인들과의 연결로도 이어졌다. 실제로 그 초대에 응답하여 예수를 따르게 된 "세리들과 죄인들이 많았다"고 마가는 전한다. "이런 사람들이 많이 있었는데 그들이 예수를 따라왔던 것이다"(마가복음 2:15b).[10]

지금도 그렇지만 특히 고대 근동에서 함께 밥을 먹는 행위는 깊은 수용과 사회적 연대의 표현이었다. 예수에게는 이 실천이, 사회적으로 '죄인들'로 불리는 이들을 조건 없이 '따르도록' 초대하고 그들과 함께 머물며 밥을 먹는 연대나 환대가 전혀 문제되지 않았던 것으로 보인다. 예수는 초대했고, 그에 응답하는 만남들이 이어질 때 이 모두가 예수의 하느님 나라 운동이 확장되는 과정이었을 것이다. 그리고 어떤 조건도 없이 받아들여지는 열린 밥상 공동체의 모습은 이후 그리스도교의 성만찬 신학에도 깊이 새겨졌다.

3. "왜 저 사람은 세리들과 죄인들과 어울려서 음식을 먹습니까?"
: 바리새인들의 질문

그런데 예수의 무조건적 초대를 반기지 않은, 적어도 의아해한 사람들이 있었다. 그들은 예수가 세리와 같은 죄인들과 어울리는 것을 이해하지 못하고 예수가 그들과 함께 먹는 현장에서 질문을 던진다. 마가복음에 따르면 질문을 던진 자들은 "바리새파의 율법학자들"이었고(2:16), 마태의 병행 본문에 따르면 "바리새인들"(9:11), 누가에 따르면 "바리새인과 그들의 율법학자들"(5:30)이었다. 공관복음서가 공통적으로 언급하는 바리새인들은 율법, 그중에서도 정결법이나 안식일 규정 등을 철저히 지키는 것으로 유명했다. 그 점에서 그들은 일반 백성들과 자신들이 다르다는 구별된 자의식을 가진 집단이었다.[11] '바리새'라는 말의 기원이 '분리하다(파라쉬)'인 것도 이들의 집단적 자의식을 반영하거나 이들의 모습을 별나게 보는 타인의 시선을 반영한 것일 수 있다.

공관복음서, 특히 마가복음은 예수에게 적대적인 집단 중 하나로 바리새파에 주목하기 때문에 전반적으로 그들을 부정적으로 묘사한다. 물론 이것은 예수 시대 바리새파에 대한 객관적 서술이라기보다는 각 복음서의 관점이 반영된 서술이다. 바리새파에 속한 개인들은 예수를 찾았던 니고데모처럼 예수에게 호의적일 수도 있었다(요한복음 3장). 마가복음에 따르면 바리새파는 죄인과 함께하는 예수에게 질문을 던지는 이 장면에서 처음 등장한다. 그리고 이 장면을 시작으로, 질문을 가장하여 예수의 실천을 계속 비난하던 그들이 곧이어 헤롯당과 함께 예수를 제거할 음모를 꾸민다고 묘사된 것이 눈에 띈다(마가복음 3:6).

그러나 이렇듯 뒷부분에서 확인되는 노골적인 적대를 근거로 바리새파가 등장하는 첫 장면에서부터 이들이 강력한 단죄의 어조로 예수에게 따지듯 질문했다고 단정

할 수는 없다. 한편으로 바리새인들은 백성들을 가르치고 아픈 이들을 치유하고 귀신 들린 자들을 자유롭게 하는 예수가 가진 영향력을 의식하고 일정 부분 인정하면서 다가왔을 것이다. 그러나 "왜 저 사람은 세리들과 죄인들과 어울려서 음식을 먹습니까?"라고 제자들을 향해서 스승의 행태를 가리켜서 질문했을 때, 그저 순수하게 그 행동의 동기를 궁금해하는 것으로 보이지는 않는다. 그들의 질문은 겉으로는 중립적이나 적어도 죄인들과 어울리는 예수를 향한 의구심을 담고 있었던 것 같다. 그렇다면 그 속뜻은 "소위 백성들의 지도자면서 어떻게 사람을 가리지 않고 세리 같은 죄인들과도 아무렇지 않게 어울릴 수 있는가?"였을 것이다.[12]

그렇다면 바리새인들은 왜 죄인들로 간주되는 사람들과 접촉하는 것, 나아가 함께 먹는 것을 경계했을까? 이동환 목사가 출교된 지금의 상황과 겹쳐 보기 위해서 동성애자라면 경기를 일으키는 오늘날의 개신교 혐오 세력과 성서의 바리새인들을 바로 등치시키고 싶지는 않다. 다만 그보다는 온건하게, 그들이 보기에 '일탈된' 성소수자들의 성적 실천이 개인이나 교회 공동체의 의로움(또는 의롭고자 함)에 어떤 영향을 미칠 수 있음을 경계하는 수준 정도라고 잠시 상상해 보자. 기독교인이 즐겨 암송하는 시편 1편에서도 "복 있는 사람은 악인의 꾀를 따르지 아니하며, 죄인의 길에 서지 아니하며, 오만한 자의 자리에 앉지 아니하며, 오로지 주님의 율법을 즐거워하며, 밤낮으로 율법을 묵상하는 사람이다"라고 하지 않던가? 주님이 주신 율법의 계명을 지키는 데 골몰하면서 '악인의 꾀'와 '죄인의 길'을 경계하겠다는데 무엇이 나쁜가?

우리에게도 비슷한 문화가 있다. 근묵자흑近墨者黑이라는 사자성어나 "친구는 가려서 사귀어라"는 말 등의 밥상머리 교육을 예로 들어 보자. "검은 것과 어울리다 너도 검어진다"라는 경고는 언뜻 좋은 친구를 사귀라는 긍정적인 덕담으로 들리지만, 가만히 들여다보면 시선의 불균등함이 감지된다. 부모가 자식에게 이렇게 가르칠 때, 자기 자식은 언제나 검은 것에 의해 물드는 하얀색이고, 남의 자식은 자기 자식을 물들이는 검은색이기 때문이다.

이와 마찬가지로 바리새파의 태도는 근원적인 자기모순을 보여 준다. 스스로는 타인에 의해 오염될 수 있는 취약한 존재로 여기면서 연민을 가지고 바라보지만, 타인은 한 번 죄인이면 영원한 악인인 것처럼 낙인찍어 놓고 변화가 불가능한 자들로 고정시키기 때문이다. 타인도 나와 같은 취약한 존재라면 반대로 '희디 흰' 내가 그에게 영향을 주고, 희고 싶은 나의 지향이 그에게 침투할 수는 없을까? 아니, 반대로 사실은 흰 줄 알았던 내가 검고, 죄인으로 보이던 그의 속이 희지는 않을까? 그런데 그 속도 모르는 사람들에게 '검다'고 비난받으며 살다 보니 속이 시꺼멓게 타들어 가지는 않았을까? 저 불균등한 자기 인식에는 이와 비슷한 상호 주체적인 성찰이 들어갈 틈이 없다. 아무리 중립적인 질문의 형태를 띠고 있어도 이처럼 바리새파의 자기 이해와 타자 인식에는 근본적인 불평등이 있다.

4. "나는 '의인'이 아니라 '죄인'을 부르러 왔다"
: 예수의 자기 변호와 역할 규정

바리새인들의 질문을 받고 예수가 한 답변은 단 두 문장이다. 여기서 우리는 예수의 관점과 바리새인들의 관점에 크게 차이가 있음을 확인할 수 있다.

> "건강한 사람에게는 의사가 필요하지 않으나, 병든 사람에게는 필요하다. 나는 의인을 부르러 온 것이 아니라 죄인을 부르러 왔다."

바리새인들은 자신들이 보기에 도덕적, 종교적 흠결이 있는 사람들과는 당연히 거리를 두어야 한다고 보며, 그럼으로써 자신의 온전함을 지키려 한다. 자신들이 의로운 사람이 되는 게 중요하기에 자기들 때문에 죄인으로 규정되는 사람들이 양산되는 것을 신경 쓸 여력이 없다. 이스라엘 백성들 앞에서 자신들의 지도력은 죄인을 수용하는 데서 오는 것이 아니라 스스로를 그들과 '분리하는' 데서 온다고 생각해 왔기 때문이다.

그렇다면 예수의 시선은 어떠한가? 예수도 세리라는 직업을 가진 이들 가운데 율법이 금하는 죄, 도둑질을 저지르는 자들이 있다는 사실을 알고 있었을 것이다. 세리라는 직종에 대한 사회적 질시에는 그들이 실제로 저지르는 잘못 탓도 있음을 모르지 않았을 것이다. 로마제국과 안티파스를 위해서 복무해야 하는 이들에 대해 주민들이 품는 민족 감정 류의 반감도 이해했을 것이다. 그런데도 예수는 세리로 일하는 한 사람을 그들이 속한 집단에 대한 세평이나 고정관념에 근거해서 판단하지 않는다. 세리인 사람들이 죄를 저지를 가능성은 다른 어떤 직업을 가진 사람들이 악을 저지를 수 있는 잠재성과 크게 다르지 않다고 여겼기 때문일 것이다.

바로 이 점에서 "건강한 사람에게는 의사가 필요하지 않으나, 병든 사람에게는 필요하다"는 예수의 진술이 중대한 의미를 지닌다. 예수가 말하고자 하는 것은 의로운 자에 해당되는 '건강한 자'가 따로 있고, 죄인과 악인에 해당되는 '병든 사람'이 따로 있지 않다는 데 그 초점이 있다. 우리 중 언제고 건강한 사람이 있을까? 우리 가운데 늘 선만 행하고 잘못도 저지르지 않는 자가 있을까? 우리 모두는 똑같이 언젠가는 아프고 병에 걸리는 환자이거나 잠재적 환자다. 우리는 하느님의 뜻을 따르며 선한 삶을 살아가고 싶지만 언제나 그 지향대로 살아가지는 못하는 '죄인' 또는 잠재적 '죄인'이다. 소위 기독교의 원죄 교리도 우리 모두가 똑같이 하느님 뜻을 따라 살고자 하나 그러지 못하는 근본적인 소외의 지점에 주목하고 있는 것으로 보인다.

예수는 우리 모두가 아프거나 아플 수 있는 취약한 존재임을 안다. 그래서 의사처럼 돌봄이 필요한 존재라는 평등한 시선 속에서 인간을 바라본다. 질병이 생로병사를 겪는 인간의 본질적 조건이듯 우리 모두가 언젠가는 다 크고 작은 잘못을 저지르는 존재다. 우리가 실수로든 의도적으로든 악을 저지를 수 있는 인간이라는 점에서 우리 모두는 하느님 앞에서 죄인이고 바로 이 지점에서 모든 인간은 평등하다.

바로 이러한 이유로 예수 자신도 '선하다'는 말을 들

을 자격이 없다고 단언했음을 기억할 필요가 있다. 마가복음 10장에서 한 부자 청년이 예수를 찾아와 "선하신 선생님!"이라고 부르며 영생을 얻기 위해 자신이 무엇을 더 해야 하는지를 물었다. 질문한 이는 이제껏 얼마나 율법에 명령된 것들을 잘 지키며 살아왔는지도 밝혔다. 그런 그를 향해 예수는 '선하다'는 칭찬을 물리치며, "선하신 분은 오직 하느님 한 분"이라고 답했다. 그러면서 그동안 율법을 잘 지켜 왔다고 자부하는 당신도 본인에게 여전히 재산이 많다는 것이 무슨 의미인지를 생각해 보라고 권한다. 이 대화는 세상에 가난한 사람들이 존재하는 한, 당신은 충분한 의로움을 자신할 수 없으며 적어도 "부족한 한 가지는 늘 있는 것"이라고 가르친다(10:17-22). 선하신 하느님 한 분 앞에 우리 모두는 '의인'이라 자부할 수 없다. 내가 지키는 율법 여러 가지를 생각하지 말고 나에게 부족한 그 한 가지를 찾아라, 그것도 타인이 아니라 바로 '네 안에서' 찾으라는 것이 예수의 가르침이다.

이처럼 근원적인 평등의 감각, 나아가 자신 먼저 성찰하는 삶의 태도에 근거하여 예수는 이제 자신의 역할을 정의한다. "나는 의인이 아니라 죄인을 부르러 왔다." 먼저 여기서 예수가 의인과 죄인을 언급하는 것은 바리새파의 관점을 그대로 수용한다는 의미가 아님에 유의하자. 바리새파가 자기 나름대로 설정해 놓은 의인과 죄인에 대한 당파적 정의에 도전하기 위해 예수가 끌어들이는 의도적 인용이기 때문이다. "스스로 의롭다고 확신하고 남을 멸시하는 몇몇 사람들에게 예수께서 말씀하신" 다음의 비유를 참조할 수 있다.

> 10 두 사람이 기도하러 성전에 올라갔다. 한 사람은 바리새파 사람이고, 다른 한 사람은 세리였다. 11 바리새파 사람은 서서, 혼잣말로 이렇게 기도하였다. '하나님, 감사합니다. 나는, 남의 것을 빼앗는 자나, 불의한 자나, 간음하는 자와 같은 다른 사람들과 같지 않으며, 더구나 이 세리와는 같지 않습니다. 12 나는 이레에 두 번씩 금식하고, 내 모든 소득의 십일조를 바칩니다.' 13 그런데 세리는 멀찍이 서서, 하늘을 우러러볼 엄두도 못 내고, 가슴을 치며 '아, 하나님, 이 죄인에게 자비를 베풀어 주십시오' 하고 말하였다. 14 내가 너희에게 말한다. 의롭다는 인정을 받고서 자기 집으로 내려간 사람은, 저 바리새파 사람이 아니라 이 세리다. 누구든지 자기를 높이는 사람은 낮아지고, 자기를 낮추는 사람은 높아질 것이다.
> —누가복음 18:10-14

누가복음의 예수는 이런저런 악은 행하지 않고, 이런저런 '의'는 행한다고 자부하는 바리새인이 최후에 의롭다고 인정받는 사람이 아니라고 말한다! 따라서 예수 발언 속 의인 역시 '자칭 의인이라고 하나 의인으로 인정받을 수 없다'는 의미에서 기껏해야 반어적인 진술이다.[13]

죄인이라는 말 역시 유대 사회의 도덕적 기준이나 바리새파의 종파적 규정을 받아들여서 예수가 그대로 인용하는 것이 아니다. 오히려 예수는 "당신들이 '죄인'이라 해도 나는 동의하지 않으니 전혀 개의치 않고 기꺼이 초대하겠다"는 뜻으로 강조해서 쓴 것이다. 이 장면의 끝에서 이는 예수의 자기규정으로 귀결된다. "당신들은 대체 왜 '죄인'들과 어울리느냐고 묻지만, 나는 당신들이 '죄인'이라고 부르는 ('이른바 죄인'들인) 바로 그들이야말로 하느님이 사랑하시는 이들이기에 그들을 초대하기 위해 여기에 있습니다."

사회에서 '죄인'이라 낙인찍힌 사람들을 향한 예수의

공평한 시선은 결국 그들을 향한 편향적인 옹호로 이어진다. 민중신학자 안병무는 '의인만이 아니라 죄인도 부른다[not only…but also]'가 아니라 '의인이 아니라 죄인을 부른다[not…but]'는 점을 힘주어 강조한다. "예수는 무슨 보편애나 박애주의를 설교하는 것이 아니라, 눌린 자, 박해받는 자, 약자에 편에 선다."[14] 안병무에 따르면 세리와 같은 '죄인들'은 예수를 따른 오클로스/민중의 주요 구성원이었다. 그리고 예수에게 있어 그들은 하느님의 편파적 사랑을 받는 존재였다.

여기서 아무리 강조해도 지나치지 않은 사실을 덧붙여야 한다. 예수의 초청은 회개하여 잘못된 삶을 청산하기를 요구하는 조건부가 아니라는 점이다. 물론 누가복음 버전에 "죄인을 불러 회개시키기 위하여"라는 편집 구절이 있는 것은 맞다(5:32). 이 편집 구절은 최초 버전인 마가복음 이야기에서 예수가 얼마나 급진적이었는지를 역으로 부각시킨다. 게다가 누가 역시 회개를 부름과 만남에 선행하는 조건으로 제시하지 않았다는 것을 기억하자. 아무런 조건 없이 삭개오의 집에 머물겠다고 청했을 때, 삭개오가 어떤 일을 하는지 혹은 어떻게 살아왔는지를 예수는 묻지 않았다. 이처럼 회개는 예수가 누군가와 함께하기 위한 조건이 아니다. 그렇다면 예수와 만난 후 착복한 것이 있다면 배상을 하겠다고 말하는 삭개오의 모습은 무엇을 말하고자 하는 것인가? 삶의 변화는 함께하자고 부르는 초대의 조건이 아니라 그 초대의 결과라는 것이다. 그리고 함께하자는 부름에 응해서 만남이 일어날 때, 서로의 자발성과 주체성에 근거해 삶의 변화는 일어난다. 삭개오는 죄의 가능성 때문에 세리를 그만두겠다고 하지 않았다. 그는 그가 처한 삶의 조건하에서 하느님의 뜻, 정의로움에 위배되는 행위를 하지 않겠다고 자발적으로 결단한 것이다.

하느님 나라 운동은 기본적으로 존재에 대한 근본적인 긍정과 수용을 전제한다. 존재를 있는 그대로 받아들이는 예수에게서 무조건적 부름을 받고 예수의 길을 함께 걷게 된 세리 레위, 세리장 삭개오, 그 밖의 많은 '죄인'이라 불리던 자들, 바로 그들이 이 점을 증언한다. 이렇게 구체적인 한 사람 한 사람이 예수와 한 상에서 밥을 먹는 사람들이 되면서 하느님 나라는 확장되어 갔다.

5. 예수의 실천이 성소수자 축복과 환대 목회를 지지한다

지금까지 세리, 죄인과 함께 어울리고 먹은 예수의 실천을 의아하게 생각했던 한 집단으로부터 질문을 받은 예수가 자신의 실천을 옹호했다고 기억하는 복음서 전승을 살펴보았다. 물론 오늘날 성소수자를 기독교 신앙으로 환대해야 한다는 당위성에서 출발하여 이동환 목사가 출교당한 이 상황을 세리, 죄인과 함께한 예수의 상황과 완전히 겹쳐 읽는 것은 쉽지 않다. 당대의 세리가 유대교 신앙 안에서 죄인으로 여겨지는 맥락과 오늘날 한국의 보수 교단이 동성애를 죄라고 규정하는 것 사이에 엄연한 간극이 있기 때문이다.

오늘날 동성애는 이성애와 마찬가지로 존중받아야 할 성적 지향이다. 우리나라 헌법이나 법률에도 동성애는 그 자체로 '범죄'가 아니다. 예외적으로 군대라는 특정 환경에서 동성성행위를 금지하는 군형법 조항(92조6)이 남아 있지만, 이 역시 시민사회와 법조계의 비판을 크게 받고 있어서 조만간 폐지될 것으로 기대된다. 반면 세리는 직종이기 때문에 엄밀히 말하면 동성애와 똑같은 층위에서 논할 수 없다.

그럼에도 이번 이동환 목사 출교 사태를 보면서 동성애가 죄냐 아니냐가 아니라, 바리새파가 죄에 대해 사유하는 방식 그 자체에 주목해서 오늘날 기독교 혐오 세력의 행태나 사고와 비교할 수 있겠다는 생각이 들었다. 다시 강조하지만 예수는 세리라는 직종이 죄와 연관될 잠재성에 근거해서 구체적인 한 사람인 세리를 대하지 않았다. 이동환 목사가 자신에게 커밍아웃한 한 사람의 그리스도인 성소수자를 있는 그대로 마주한 것은 예수가 세리인 한 사람 레위 그리고 또 다른 세리를 만난 방식과 전혀 다르지 않다.

나아가 바리새파의 의구심을 만난 순간에도 예수의 무조건적 환대는 전혀 위축되지 않았음을 기억해 보자. 박경미 교수는 바리새파가 대변하는 당파적, 즉 상대적 윤리의식에 편승하지 않은 예수의 실천이 오늘날 그리스도인들이 성소수자를 환대해야 하는 근거라고 말한다.

> 예수는 (…) 법에 의해 더러운 죄인으로 낙인찍힌 사람들을 하느님의 사랑에 의해 이웃으로 받아들였다. 예수의 하느님 나라 운동은 '죄인'을 이웃으로 바꾸는 기적을 일으켰다. 예수는 기존 사회의 법과 통념에 의해 죄인으로 낙인찍힌 사람들을 다시 한번 죄인으로 규정함으로써 도덕적 우월감에 편승하지 않았다. 오히려 그들을 죄인으로 규정하기를 거부함으로써 인간의 윤리의식이 지닌 상대성과 한계를 드러냈고, 법과 윤리가 근거해야 할

근원적 토대로서 하느님의 급진적인 사랑을 제시했다. 오늘의 시점에서 말하자면, 아마도 그처럼 법과 통념에 의해 죄인으로 낙인찍힌 사람들 중 대표적인 사람들이 성소수자라고 할 수 있을 것이다. 그렇다면 오늘날 성소수자는 예수가 제시한 하느님의 급진적 사랑의 일차적 대상이라고 할 수 있다.[15]

그렇다면 예수의 하느님 나라 운동의 정신과 실천을 진정으로 계승하는 것은 이동환을 정죄한 교단 지도자들이 아니다. 예수가 바리새파라는 특정 집단에게 죄인으로 여겨지는 세리를 조건 없이 초대하고 그들과 친구가 된 것처럼, 동성애를 죄라고 여기는 교단법을 모르지 않았지만 성소수자들을 하느님의 사랑으로 환대하고 축복한 이동환 목사가 예수를 진정으로 따른 것이다. 그렇기에 예수의 실천이 성소수자 환대 목회를 이어 가는 이동환 목사를 변호하고 있다고 말할 수 있다.

반면 이번 재판에서 경기연회나 총회의 지도자들이 보여준 죄에 대한 인식은 그 뿌리에서부터 위선적이었다. 산상설교에서도 예수가 강조했듯 남의 눈에 티가 아니라 자기 눈에 들보를 살피는 것이 하느님 앞에서 살아가는 신앙인의 기본자세다(마태복음 7:3-5). 그런데 그들은 자신들이 절대 행하지 않을 행위에만 '죄'라는 규정을 붙이고 가뜩이나 소수자여서 차별적인 낙인에 고통받는 이들을 향해 죄인이라는 딱지를 다시 붙이고 있다. 김근주 교수가 대한예수교장로회 통합총회에서 벌어진 유사한 상황을 비판하면서 다음과 같이 지적한 대목이 떠오르지 않을 수 없다.

> 목사들이 '앞으로 내가 동성애를 할 것 같지는 않다'고 생각하기 때문에, 성소수자들을 향해 존재 자체가 죄라고 소리치는 거다. 예장통합 총회가 명성교회 세습을 눈감아 준 이유도 여기에 있다. 자기들도 세습할 가능성이 있으니, 김삼환 목사에게는 (총회 석상에서) 말할 기회를 줬다. 반면, 성소수자를 향해 따뜻한 마음을 보여줬던 신학생들은 결국 목사 고시에서 탈락했다. 자기가 안 할 것 같은 일에는 순교할 각오로 핏대를 세우며 반대하고, 자기가 할 수도 있겠다 싶은 일은 방조했다. 추악한 모습이다.[16]

자신들의 잠재적 죄에 대해서는 한없이 너그럽지만 타인의 잠재적 죄에 대해서는 더없이 완고한 이들의 모습이 예수를 적대한 바리새파의 모습과 겹쳐진다.

자기 자신이 수도 없이 불려 다니고 전화를 받고 문자로 욕설을 들으며 상처받은 피해자임에도, 재판 과정에서 상처받았을 성소수자들을 위로하며 대신 용서를 구하는 이동환 목사의 모습은 이런 그들과 얼마나 다른가?

> 이번 재판에서 가장 속상했던 건 '출교'라는 결과가 아니었습니다. '성소수자'라는 존재가 그저 단어로서 사용된 것이 내내 마음에 아프게 남습니다. 성소수자라고 뭉뚱그려지지만 한 사람 한 사람 하나님 앞에 존귀한 사람들입니다. 그저 성적 지향과 성별정체성이 다르니 성적 소수자로 칭할 뿐, 우리 사회에 함께 살아가는 이웃입니다. 누구도 이들을 함부로 대할 수 없습니다. 이 재판 내내 계속해서 대상화되고, 부정적으로 호출되며, 온갖 오해와 오명을 뒤집어써야 했던 분들에게 마음 깊이 위로를 전하고 또한 용서를 구합니다.[17]

이처럼 상처받는 소수자들을 향한 그의 정직한 관심은 성소수자에 대한 교단의 몰이해와 차별이 상상 그 이상이라는 점을 직시하게 했다. 감리회를 비롯한 개신교 보수 집단에 의해 '죄인'으로 정죄당하며 상처받고 모욕당하는 이들을 향한 그의 올곧은 관심은 그들에게도 하느님의 무조건적 사랑을 선언하는 것에서 한 걸음 더 나아가, 그들을 위한 '앨라이 그리스도인'의 삶을 추동했다. 결국 사회에서 차별받고 혐오당하는 이들이야말로 하느님이 편파적으로 편드시고 사랑하시는 존재임을 선포하는 자리로 한 걸음을 더 내딛게 된 것이다.

6. 감리회의 회개와 변화를 촉구하며

이동환 목사 자신도 본인이 처한 상황에 실존적으로 응답했기에 이 여정이 가능했지, 처음부터 이를 당연하게 여기지는 않았던 것 같다. 필자도 동참한 적 있는 한 좌담에서 이동환 목사는 자신도 '동성애는 지옥에 갈 죄'라는 식의 관점을 가지고 있었다고 시인했다. 그러나 그러한 편견이 깨지게 된 것은 동성애자들을 직접 만나면서부터였다고 고백했다. 그러면서 성소수자들이 "나와 다르지 않고 똑같다"고 느끼는 데 어떤 극적인 사건이 필요하지 않았고 "그저 열린 마음과 일상적인 만남" 만으로 충분했다고 덧붙였다.[18]

스스로가 이와 같은 관점과 인식의 변화를 겪었기 때문이었을까? 이동환 목사는 자신의 실천을 이상하게 여기고 기소한 이들이라 해도 재판 과정에서 서로의 의견을 경청하며 대화해 간다면 성찰과 상호 이해의 가능성이 있다고 일관되게 기대했다. "처음 고발당하고 심사받으며 내가 하고 싶었던 것은 말 걸기였다. 무조건 내 의견만 말하지는 않겠다고 했다. 찬반을 논의해 보고 어떻게 접근할지 고민하자는 의도였다." 그들이 요구한 건 '다시는 그러지 않겠다'는 각서였지만, 자신의 생각을 편지로 적어 보내고 동성애에 대한 찬성, 반대, 중립 등 여러 의견을 정리해 50장 분량의 보고서를 제출한 것도 그런 이유에서였다.[19]

하지만 이동환 목사를 기소하고 재판한 경기연회나 총회의 구성원들은 경청하는 자세도 없었고 바리새파보다 더 완고했다. 대화나 토론이 이루어지기는커녕, 끝까지 '찬성이냐 반대냐'만 확인하며 교단법으로 굴복시키고 싶어 했다. 아니, 애초에 질문을 던지려는 것이 아니라 정해진 답에 이견을 제기하는 구성원을 처벌하려고 재판을 시작했으니 돌아보면 첫 단추부터 어긋난 기대였는지 모른다. 백성들에게 존경받기 시작한 예수를 최소한 인정은 하고 질문을 던지는 꼴이라도 갖춘 바리새파만도 못했다.

그런데도 그들은 교단 내부의 서로 다른 생각들을 허용하지 못하고 무조건 검열하고 처벌하려는 것이 차별도 혐오도 아니라고 우기고 있다. 그러면서 "동성애라는 죄는 밉지만, 동성애자는 사랑한다"며 "회개하고 돌아오라"는 허울 좋은 말들로 스스로를 합리화하고 있다고 생각하면 분노가 치민다. 자신들이 저지르는 일이 차별인지 아닌지 성찰은 하지 않고 차별한다는 비난만을 방어하려 드니 드러나는 것마다 위선일 수밖에 없다.

같은 교단에서 신앙생활을 하고 목회 활동을 함께한 구성원인 이동환 목사의 호소도 경청하지 못하는데, 만나보지도 않은 동성애자들은 어떻게 사랑할까. 우리를 향한 지극한 사랑 때문에 우리와 '같은' 모습으로 성육신하신 하느님을 믿는 그리스도인들이 어떻게 이렇게 피상적인 것을 '사랑'이랍시고 감히 내밀 수 있는가? 당신들은 동성애자들을 사랑할 수 없다. 기껏해야 사회의 다수자일 뿐인 이성애자라는 상대적 자기 위치도 인식을 못 하면서 어떻게 당신들과 다른 성소수자들을 사랑하겠는가? 당신들은 자기들이 하는 이성'애'만 알고 동성'애'가 사랑이라는 상상조차 하지 못한다. 게이인권운동단체 '친구사이'의 운영위원이자 가톨릭 신자이기도 한 터울의 날카로운 지적을 읽어 보자.

> (1) 이성애자는 종종 그들이 생각하는 사랑 속에 동성애자의 지분을 갖고 있지 않다.
> (2) 그들의 사랑은 이성애적 문법으로 가득 차 있고 그 '외부'를 허락하지 않는다.
> (3) 이렇게 머릿속으로 아예 상상할 수 없는 성소수자의 지분은, 곧 현실 속 성소수자에 대한 실질적인 배제로 이어진다. 과거 많은 백인들이 그들이 생각한 사람의 범주 속에 흑인의 존재를 상상하지 못했듯이.
> (4) 나아가 외부가 없이 꽉 들어찬 그들의 이성애적 연애관은, 이성애자들 안에서도 그 이성애적 '전형'에 미달되는 이들을 끊임없이 '정상'이 아니라 낙인찍는 효과를 가져온다.
> (5) 만약 그들이 사랑이란 틀 안에서 이성애의 '외부'를 인정할 줄 알게 된다면, 이성애자들은 굳이 전일적일 필요가 없는 이성애의 전형 대신, 그들 안에서 발견되는 또 다른 소수성에 좀 더 주목하게 될 것이고, 종내에는 그들이 정의하고 체감하는 '이성애'의 속뜻 또한 질적으로 달라지고, 또 풍요로워질 것이다.[20]

이동환 목사의 항소심 증인으로 출석한 교인은 "동성애가 무엇인지 아느냐"는 원고 측의 질문을 받고 이렇게 답했다. "네. 저도 사랑을 하니까요."[21] 그들이 아는 '동성애'가 무엇인지 모르겠으나, 그들이 과연 '사랑'을 아는지 스스로 물어야 할 때인 것 같다.

이런 생각을 이어 가다 보면 절망적이기만 한데, 성실이 장기이고 우직함이 천성인 이동환 목사는 출교 결정 직후 기자회견에서 복직 투쟁을 이어 가겠다고 선언했다. 성소수자 환대 목회에 앞서 노동 투쟁에 착실히 연대했던 그답게 작고한 변선환 교수와 누가 먼저 복직하는지 경쟁하겠다며 결의를 보여 주었다. 함께하는 연대인들을 도리어 위로했던 이 결의 뒷면에 차마 드러내지 못한 어떤 절망과 좌절감이 있는지 감히 짐작하기 어렵다. 다만 확실히 짐작할 수 있는 한 가지가 있다. 그의 복직 투쟁이 사실은 그를 내쫓은 감리교단을 향해 또 한 번 말 걸기를 하겠다는 절박한 결의라는 점이다. 당신을 내쫓은 교단인데 왜 또 고단한 싸움을 이어 가느냐고 말하지 못하는 이유가 여기에 있다.

그는 지난 과정을 통해 점점 더 예수를 닮아 가고 있다. 자신을 출교한 교단을 향해서 마지막 용서의 가능성을 열어 둔 것이 그 증거다. 퀴어문화축제에서 축복식을 진행했던 2019년부터 지금까지 이동환 목사는 교단이 자신을 향해 질문을 던진 것이라 믿고 우직하게 듣고 답하며 대화를 이어 가려 한다. 이제 그들이 답할 차례다. "왜 예수가 죄인이라 불리는 이들과 함께 먹었는가"라고 물었던 바리새파의 질문을 스스로에게 던져 보기를 바란다.

✳✳✳

이 글을 수정하고 있는 2025년 봄, 감리교단에서는 제2, 제3의 이동환이 나오고 있다. 이제 이동환 목사는 유일한 예가 아니라 선례가 되었고, 그렇게 우려는 현실이 되었다. 감리교단은 이동환 목사와 같은 이유로 김형국, 차흥도 목사를 출교했으며, 〈교리와 장정〉 재판법 제3조 8항은 더 많은 '이동환들'을 만들어 내고 있다.

본문에서 이야기했듯이 죄를 말하는 방식이 근본적으로 변화하지 않는다면 교회는 끊임없이 성소수자들을 정죄하는 논리로 예수의 정신과 그가 전한 하느님 나라의 복음을 왜곡하게 될 것이다. 이처럼 이동환의 길을 되풀이해야 하는 목회자들이 늘어 가는 현실 속에서, 이들과 연대하며 '곁의 곁'을 지키려는 우리들의 싸움 역시 이제 교단 내 개혁운동을 넘어서 '교회를 교회답게' 하려는 신앙의 대각성운동이 되어야 할 것이다.

2003년 미국 성공회에서 커밍아웃한 게이 사제인 진 로빈슨Gene Robinson이 주교로 임명된 일과 관련해 논란이 일어났을 때 신학자 바바라 브라운 테일러Barbara Brown Taylor는 다음과 같이 말했다. "나는 여전히 교단이 옳았는지 확신할 수 없습니다. 하지만 제가 확신하는 것은, 축복받아야 할 사람들이 누구인지 점점 더 분명해지고 있다는 것입니다. 그리고 우리가 사랑하지 못하는 이들이 아무도 남지 않을 때까지 제가 얼마나 더 나아가야 하는지 뿐입니다!"[22]

당시 테일러에게는 진 로빈슨을 주교로 세운 교단을

지지할 확신이 부족했는지 모르지만, 그로부터 20여 년이 지난 2025년 김형국, 차흥도 목사의 출교를 지켜보면서 감리교단이 잘못된 길을 가고 있다는 데 더 확신이 필요할까? 축복받아 마땅한 사람들을 그저 있는 그대로 축복하기 위해 대체 몇 명이 더 출교당해야 하는 걸까? 예수의 삶을 따라 사랑하지 못하는 이들이 아무도 남지 않을 때까지 교단이 스스로를 바꾸는 것보다 더 나은 길이 있을까?

주

01 이 글의 초고는 한국퀴어신학아카데미에서 2024년 4월에 처음 발표되었고, 이후 축약된 버전으로 〈복음과 상황〉 403호에 실렸다.
02 "목사는 퀴어를 축복했을 뿐", 《한겨레 21》 1432호, 2022년 10월 10일.
03 출교 확정 후 기자회견에서 박한희 변호사가 한 발언에서도 유사한 기대를 확인할 수 있었다. "총회재판위, 이동환 목사 출교 확정. 이동환 목사 '복직투쟁 펼칠 것'", 〈당당뉴스〉, 2024년 3월 4일.
04 2024년 3월 12일 창비서교빌딩에서 열린 긴급좌담회 '법정에 간 성소수자 환대 목회, 어떻게 볼 것인가'에서 재판보고회를 진행한 신하나 변호사의 발언에서 인용.
05 "성소수자 축복을 이유로 재판받는 목사님", 《시사IN》 669호, 2020년 7월 18일.
06 "부적절한 결혼 또는 성관계(동성 간의 성관계와 결혼을 포함)를 하거나 간음, 성폭력과 유사성행위를 하였을 때"
07 이와 관련해서는 이미 신학자들의 진지한 논의가 이루어졌고 재론의 여지가 있다고 생각하지 않는다. 박경미, 김근주, 허호익, 김진호 등의 논의를 참조할 것.
08 K. C. Hanson and D. E. Oakman, *Palestine in the Time of Jesus: Social Structures and Social Conflicts*, 2nd edition, Minneapolis: Fortress Press, 2008, pp. 99~101. 101쪽의 표가 유익하다. 더 자세한 논의는 K. C. Hanson, "The Galilean Fishing Economy and the Jesus Tradition," *Biblical Theology Bulletin* vol. 27, 1997, pp. 99~111을 참조할 것.
09 이 선포가 당시 유대 성전과 사제 집단의 기능에 대해 예수가 비판하고 대안을 제시하는 것이라는 해석을 보기 위해서는 필자의 논문을 참조할 것. 정혜진, 〈마가복음 서사담론의 성전-이데올로기 비판: 죄사함 논쟁대화(막 2:1-12)의 문학사회학적 연구〉, 《신약논단》 제23권 4호, 2016, 969~1,007쪽.
10 레위만이 아니라 그 자리에 있던 많은 세리들과 죄인들이 예수를 '따랐다'(제자가 되었다)는 진술이 부담이 되었을까? 이 구절은 병행본문들에서 모두 삭제되었다
11 Anthony Saldarini, "Pharisees," *Anchor Bible Dictionary*

vol.5, New York: Doubleday, 1992, p. 291, pp. 302~303.
12 이와 유사한 의문을 누가복음에 나오는 바리새인 시몬도 표현한 적이 있음을 참조하자. 자신의 집에서 예수가 식사하고 있을 때 한 '죄 많은' 여인이 다가와 예수의 발에 입 맞추며 향유로 씻는다. 이것을 수용하는 예수를 이상하게 여긴 그는 이렇게 중얼거린다. "이 사람이 예언자라면, 자기를 만지는 저 여자가 누구이며, 어떠한 여자인지 알았을 터인데! 그 여자는 죄인인데!"(7:39).
13 Francis J. Moloney, *The Gospel of Mark: A Commentary*, Peabody, Massachusetts: Hendrickson Publishers, 2002, p. 65.
14 안병무, 〈예수와 민중: 마가복음을 중심으로〉, 김진호·김영석 편저, 《21세기 민중신학》, 삼인, 2013, 106쪽.
15 박경미, 《성서, 퀴어를 옹호하다》, 한티재, 2020, 356~357쪽.
16 "'나는 동성애를 죄라고 말하지 않겠다' …반동성애에 목숨 건 한국교회, '존재에 대한 앎' 없어", 〈뉴스앤조이〉, 2019년 10월 14일.
17 "오늘 감리회는 저의 출교를 확정 지었습니다", 〈뉴스앤조이〉, 2024년 3월 4일.
18 "차별금지법 앞에 선 한국 개신교", 〈뉴스앤조이〉, 2020년 10월 8일.
19 "성소수자 축복을 이유로 재판받는 목사님", 《시사IN》 669호, 2020년 7월 18일.
20 터울, 《사랑의 조건을 묻다》, 숨쉬는책공장, 2015, 36~37쪽(전자책).
21 2024년 3월 12일 창비서교빌딩에서 열린 긴급 좌담회 '법정에 간 성소수자 환대 목회, 어떻게 볼 것인가' 중에서.
22 Barbara Brown Taylor, "Where the Bible leads me: On homosexuality", The Christian Century, 2003.10.18. https://www.christiancentury.org/article/2003-10/where-bible-leads-me

✳✳✳
참고문헌

박경미, 《성서, 퀴어를 옹호하다》, 한티재, 2020.
안병무, 〈예수와 민중: 마가복음을 중심으로〉, 김진호·김영석 편저, 《21세기 민중신학》, 삼인, 2013.
터울, 《사랑의 조건을 묻다》, 숨쉬는책공장, 2015.
Anthony Saldarini, "Pharisees," *Anchor Bible Dictionary* vol. 5, Doubleday, 1992.
Barbara Brown Taylor, "Where the Bible leads me: On homosexuality", The Christian Century, 2003. 10. 18. https://www.christiancentury.org/article/2003-10/where-bible-leads-me
Francis J. Moloney, *The Gospel of Mark: A Commentary*, Peabody, Massachusetts: Hendrickson Publishers, 2002.
K. C. Hanson and D. E. Oakman, *Palestine in the Time of Jesus: Social Structures and Social Conflicts*, 2nd edition, Minneapolis: Fortress Press, 2008.

"오늘 감리회는 저의 출교를 확정 지었습니다", 〈뉴스앤조이〉, 2024년 3월 4일.
"목사는 퀴어를 축복했을 뿐", 《한겨레 21》 1432호, 2022년 10월 10일.
"성소수자 축복을 이유로 재판받는 목사님", 《시사IN》 669호, 2020년 7월 18일.
"'나는 동성애를 죄라고 말하지 않겠다' …반동성애에 목숨 건 한국교회, '존재에 대한 앎' 없어", 〈뉴스앤조이〉, 2019년 10월 14일.
"차별금지법 앞에 선 한국 개신교", 〈뉴스앤조이〉, 2020년 10월 8일.

06

퀴어 크리스천 상담 속에서 신학적 사고하기

*
박희규
(이화여자대학교 기독교학과)

1. "동성애는 죄인가요?"

먼저 목회상담학이 무엇인지 짚어 보면서 논의를 시작하고자 한다. 심리학 이론을 공부하고 임상훈련을 거쳐 내담자를 만나 상담하는 과정을 보면, 목회상담은 여타의 심리상담과 크게 다를 바가 없어 보인다. 실제로 과거에 '목회상담학'이라는 간판을 내걸었던 여러 신학교에서 '목회'라는 단어를 빼고 '심리', '상담', '코칭' 등의 용어를 대신 내세우고 있는 상황이다. 반면 내가 속한 학교에서는 여전히 목회상담심리를 전공 분야로 유지하고 있어, 시대의 흐름을 타지 못한 채 이 분야를 고집하고 있는 모양새로 보이기도 한다. 목회상담에서 '목회'라는 단어가 만들어 내는 오해와 애매모호함이 있음에도 불구하고 여전히 이 용어를 고수하는 이유는, 목회상담 분야가 해내는 중요한 작업과 역할이 있기 때문이다. 목회상담학은 상담심리학이지만, 더 정확하게는 신학과 영성을 인간의 중요한 경험 혹은 핵심적인 경험으로 간주하며 임상 사례 개념화의 주요 요소로 포함시키는 상담심리학이다. 즉 내담자와 대화하는 목회상담사는 머릿속에서 굴리고 있는 수많은 이론을 바탕으로 공감과 이해를 향한 개념화 과정을 거칠 때, 내담자의 경험 가운데 등장하는 영적·신학적 요소 또한 개념화에 적극 포함시킨다. 이 글에서는 목회상담사들로 구성된 퀴어 크리스천 상담팀 '같이 걸을까'를 이끌며 내가 고민해 온 신학적 질문을 한 가닥씩 풀어 나가며 분석해 보고자 한다.

목회상담학자 임마누엘 라티Emmanuel Lartey는 인류학자 클라이드 클럭혼Clyde Kluckhohn과 헨리 머레이Henry A. Murray가 제시한 '인간성의 삼위일체적 공식'을, 상호문화성을 존중하는 상담사가 가져야 할 중요한 자세로 제시한다. 즉, "모든 인간은 어떤 면에서 (1) 모든 다른 사람과 같고, (2) 어떤 다른 사람들과 같고, (3) 다른 누구와도 같지 않다"는 것이다.[01] 주로 시스젠더 이성애자로 구성된 우리 상담팀은 성소수자 내담자들의 경험이 독특할 수도 있지만 우리와 매우 비슷할 수도 있음을 염두에 둔 채, 이러한 상호문화적 관점을 바탕으로 상담을 진행한다. 퀴어 크리스천을 내담자로 받고 있는 '같이 걸을까' 상담 프로그램에 참여해 준 내담자들의 경험은 이 공식대로 어떤 면에서는 각 상담사들과 공통점이 있었고, 부분적으로 비슷하기도 했지만, 또 매우 독특하기도 했다. 어느 정도 예상은 했으나 그 중요성의 무게를 겪고 나서야 더 실감하게 된 이들의 독특한 경험 속에는 역시나 신학적인 질문이 들어 있었다.

우리 팀이 내담자에게 가장 많이 받는 신학적인 질문

은 다름 아닌 "동성애가 죄인가요?"이다. 성소수자를 지칭하는 용어는 퀴어, LGBTQ+ 등 다양하지만, 현장에서 가장 원초적으로 내담자들의 입에서 나오는 질문은 동성애를 주어로 하는 이 질문이다. 물론 이와는 전혀 다른 문제를 다루고 싶어서 오는 내담자들도 있지만, 상담 과정에서 거의 예외 없이 튀어나오는 이 질문은 매우 신학적인 동시에 상당히 임상적인 질문이다. 한국퀴어신학아카데미는 어찌 보면 이 질문에 대한 신학적인 고민을 바탕으로 여러 각도에서 답을 제공하는 곳이다. 반면 '같이 걸을까' 상담은 이 질문에 대해 섣불리 빠른 답을 내놓지 못하는 몇 가지 이유를 가지고 있다. 이 글에서는 "동성애는 죄인가요?"라는 질문에 즉각적인 답을 제시할 수 없는 임상적, 신학적 이유를 살펴보고, 이 질문과 씨름하는 과정에서 관찰한 결과를 도출하는 작업을 담아 보고자 한다.

2. '동성애는 죄인가'라는 질문의 무게

동성애가 죄인가를 묻는 질문에는 많은 무게가 실려 있다. 우선은 이 질문에 대한 답이 "죄이다"로 규정되어 있는 보수 개신교 환경에서의 폭력을 경험한 내담자들이 이 상담 자리가 안전한 자리인지를 점검하는 질문일 수 있다. 일부 내담자들은 보수 교회의 죄의 담론을 내면화하고 이에 동조하며 상담에 임하기도 하고, 어떤 경우에는 죄가 아니라는 답을 긴급하게 자신의 문제의 해결책으로 구하고자 할 때도 있다. 한편 이 질문은 흑백으로 나뉜 진영의 논리가 만들어 낸 질문이자 내담자들을 정죄해 온 질문이기도 하다. 따라서 내담자들은 이미 다른 곳에서도 이 질문에 대한 답을 구해 보았을 가능성이 크며, 상담사가 어떻게 답하는지가 그들에게 상담사를 판단하는 일종의 리트머스지처럼 작동할 수도 있다. 그러나 상담사의 신학적 입장이 이 질문에 대하여 죄가 아니라는 명백한 답을 가지고 있을지라도, 상담사는 직접적인 답을 잠시 유보해야 할 때가 있다. 그 이유는 이 질문이 단순히 '죄이다', '아니다'로 끝날 수 있는 단편적인 질문이 아니라, 각 내담자가 체험한 그만의 전통과 역사, 수많은 관계와 맥락 등이 뒤섞여 있는 복잡한 실타래와 같은 질문이기 때문이다. 따라서 이 질문 속에 담겨 있는 내담자 각각이 가진 배경과 다양하고 특수한 경험들에 대한 세밀한 탐색 없이 상담사가 임상적으로 설익은 시간에 내놓은 답은 온전히 내담자의 것이 될 수 없고, 그저 그들이 여기저기에서 들어온 여러 의견들 중 하나로 전락하곤 한다. 그렇기에 내담자가 자신의 답을 얻게 하기 위해서는 결국 그 답이 내담자로부터 나와야 한다는 것을 상담사는 직감적으로 안다.

상담사가 즉각적인 답을 하지 못하는 이유로 또한 고려해 볼 요소는 우리가 신학적 성찰을 형성하는 과정이다. 목회상담학자 하워드 스톤Howard Stone과 역사신학자 제임스 듀크James Duke는 《일상에서 신학하기》라는 책에서 신학적 성찰이 형성되는 과정의 역동을 설명한다.[02] 우리는 가정, 교회, 그리고 사회에서 기독교를 경험하는 여러 순간들을 통해 우리 몸에 깊이 배어 있는 신학을 형성한다. 두 저자가 'embedded theology'라고 칭한 이러한 신학을 나는 '밴 신학'이라 번역한다. 밴 신학은 설교, 신앙 공동체와의 친교 및 나눔, 교회학교 활동, 교회 밖에서의 여러 실천 등을 통해 신앙생활의 전제가 되어 뿌리를 내린다. 이렇게 우리 몸에 밴 신학은 추후 그 전제들을 다시 고려해 봐야 하는 중요한 계기를 만나면서 재점검되고, 그 결과 새로운 신학이 탄생한다. 이를 'deliberative theology'라고 하며, 이를 '낸 신학'이라 번역해 보겠다. 이러한 신학적 변화의 계기는 삶 가운데 닥친 위기 상황일 경우가 많다. 이를 '충돌 경험 jarring experience'이라고 부르는데, 기존의 밴 신학으로는 설명되지 않거나 밴 신학과 조화를 이루지 못하여 의미를 찾기 어려운 순간을 의미한다. 이러한 위기의 상황에서 밴 신학은 새로운 성찰을 통해 새로 구성된 낸 신학을 만들어 낸다.

　밴 신학이 낸 신학이 되는 과정의 예로 나의 경험을 들 수 있다. 나는 유학 중 교회에서 전도사로 사역하던 시기에 첫 아이를 임신했다가 초기에 유산한 경험이 있다. 당시 교인들에게 임신 소식을 알렸던 터라 유산 사실도 알려야만 했다. 그때 교인 한 분이 "이 모든 것에 하느님의 뜻이 있을 것"이라며 위로를 해 주었다. 유산이 하느님의 뜻이었다는 이 예정론의 신학적인 언급은 장로교 전통 가운데 성장한 나의 사고 속에 늘 배어 있었던, 지극히도 이해할 만한 신학적 사고였다. 그럼에도 불구하고 이는 당시 유산이라는 아픔과 위기 속에서는 도저히 받아들일 수 없는 신학이었다. 이에 '내가 사랑하는 아기의 죽음을 하느님이 계획하셨을 리 없다'는 신앙고백이 새롭게 형성되었고, 오히려 '하느님은 나의 슬픔에 함께하시며 이 죽음을 애통해하고 계실 것'이라는 신학적 성찰이 기존의 예정론적 신학과 맞부딪혔다. 이처럼 밴 신학은 낸 신학을 창출

해 낸다. 그러나 그 사건 이후 고통 가운데 함께하시는 하느님에 대한 신학적 성찰은 점차 내 삶에 밴 신학으로 자리 잡게 되었고, 다른 종류의 충돌 경험을 만나면서 또 다른 내 신학을 만들어 냈다. 이렇듯 신학적 성찰은 개인의 경험과 맞물려 끊임없이 새로운 신학을 낳으며, 나선형으로 상승하는 역동적인 움직임을 그려 낸다.

'같이 걸을까' 상담팀이 꾸려진 직후 상담사들이 초반에 가졌던 신학적 가정 역시 충돌 경험을 통해 점차 변화해 왔다. 3년여 전에 본 상담 프로그램을 시작할 당시만 해도 동성애가 죄인지 묻는 내담자의 질문에 처음부터 바로 "아니다"라고 명확하게 답하는 것이 이후 상담 진행을 원활하게 할 것이라고 기대했다. 명료한 신학적 답변이 내담자를 안심하게 하리라는 것이 당시 우리 상담팀이 공유한 밴 신학적 가정이었다. 그러나 이후 여러 상담 사례들을 접하며 우리는 우리의 가정과 그에 따른 상담 전략을 수정해야 했다. 놀랍게도 "죄가 아니다"라고 말하는 상담사의 강경함이 오히려, 때로 내담자로 하여금 그가 여전히 품고 있는 '그래도 죄일지 모른다'는 의심이나 두려움에 관해 더 이야기하기 어렵게 만드는 경우들이 관찰되었다. 이는 내담자가 그러한 사고나 감정을 형성하기까지 켜켜이 쌓여 온 과거의 주요 경험들을 탐색할 기회를 놓칠 수도 있겠다는 상담적 위기로 인식되었다. 내담자의 질문은 그가 맺어 온 친밀한 관계들에서의 경험, 소중하게 여겨 왔던 신앙 공동체의 전통과 실천, 때로는 설교 내용 속의 성서 해석 등 여러 요인들의 복합적인 작용으로 소용돌이치듯 솟구쳐 오른 것일 경우들이 많았다. 우리의 새로운 내 신학적 가정은, 그러한 질문이 한 사람의 삶과 내면에서 훨씬 더 복잡한 과정을 거치면서 자리하게 된다는 것이었다. 따라서 이 요인들은 대부분 신중하게 탐색되고 다루어져야 하는 중요한 경험들이다. 이러한 핵심 경험들의 역사를 짚어 볼 때에야 비로소 각 내담자들이 해당 질문에 담고 있는 각자만의 진정한 의미를 이해할 수 있으며, 그 경험을 둘러싼 심리적 역동과 그의 영성을 깊이 들여다볼 수 있다. 이제 우리 상담팀은 쉬운 답을 직설적으로 내주기보다는 종종 우회 전략을 선택한다. 물론 각 상황에서 각 상담사의 임상적인 판단에 따라 조금씩 차이는 있을지라도, 가령 "내담자님은 이에 대해 어떻게 생각하시나요?", "동성애가 죄라고 누가 그렇게 말하던가요?", "그렇게 생각하게 된 계기가 있었을까요?" 같은 질문을 던질 때, 내담자는 상담사의 신학적 입장을 암시적으로 짐작할 수 있을 뿐 아니라, 더 나아가 자신의 진솔한 생각과 그러한 생각을 형성해 왔던 그의 중요 경험들을 풍부하게 이야기할 기회를 얻게 된다.

　　기독교의 신학 전통 안에서 성소수자들이 겪는 저주와 부인이 어떠할지에 대한 대중과 전문가들의 상상은 풍부하게 존재한다. 실제로 퀴어 크리스천들이 신학적 책망으로 인해 겪고 있는 고통을 다룬 자료들도 다수 존재한다. 그러나 그들이 그만큼 자주 떠올리고 있을지도 모르는, '부정적이고 폭력적인 상황을 과감히 끊고 비기독교인으로 살면 되지 않겠냐'는 생각은 퀴어 크리스천들이 실제로 체험하는 신학적 경험 및 갈등의 복잡성을 이해하지 못한 데서 기인한다. 목회신학자 코디 샌더스Cody Sanders는 자살 시도 생존자들의 심층 인터뷰를 바탕으로 쓴 《기독교, 성소수자 자살 그리고 퀴어들의 영혼Christianity, LGBTQ Suicide, and the Souls of Queer Folks》에서 퀴어 크리스천들이 밴 신학 속에서 겪는 신학적 갈등의 모습을 풀어낸다. 샌더스는 퀴어 스러운 모습을 혐오스럽다고 규정하는 신학적 언어가 작동하는 방식을 '신학적 잠복 습격theological ambush'이라고 명명한다.[03] 퀴어 크리스천들이 여러 경험들을 통해 형성해 온 그들의 밴 신학은 기독교인으로서의 일상 속에 항상 작동하고 있기 때문에, 직접적으로 언급되지 않더라도 늘 주변에 잠복하고 있다가 '확연하게 보이는 침묵conspicuous silence'으로 그들을 공격한다. 샌더스가 인터뷰한 토머스는 이렇게 이야기했다.

> 우리의 '죄'가 밝혀질 때까지 우리는 이성애자입니다. 저희 교회 목사들이건 교회 밖 목회자들이 던지는 메시지는 사실 레위기나 신명기를 인용할 필요조차 없어요. 그냥 하고 있는 말에 함축하기만 하면 되는 거예요. 게이가 현실에 존재하지 않는 양 가정하고 이야기하거나 이성애 가정에 대해서만 이야기하면 되는 거예요.[04]

이와 같이 침묵으로 오는 신학적 잠복 습격은, 언어화된 다른 긍정적인 신학적 메시지와 결합하여 같은 상황에서 두 가지 메시지를 동시에 전달하는 '신학적 이중화법theological doublespeak'으로 변주된다. 다시 한 번 토머스의 표현을 들어 보자.

> 그리스도의 메시지는 사랑인 동시에 저주의 메시지예요. 내 마음 속에서는 사랑이고 세상에서는 저주예요. 그런데 이걸 같은 언어로 표현해요. 미쳐 버리죠. 사람

마음이라는 것이 이걸 해낼 수가 없어요. 절대로! 가능하지 않아요. 미쳤죠…. 둘 사이에서 마비가 되어 버려요. 하나님이 나를 미워하고 사랑한다. 어느 순간, "나 이제 더는 못하겠어"라고 하는 지점에 도달할 때까지 충분히 이런 짓을 하고 나면 이건 그냥 고통이에요. 기막힌 고통. 나보다 강한 사람들은 이 고통을 좀 더 오랫동안 참아 낼 수 있을지도 몰라요. 저는 잘 못 하겠더라고요. 그거 아세요? 사람들이 자살하고 싶어서 자살하는 게 아니에요. 고통이 너무 커서 자살하는 거예요. 또 삶의 너무 이른 시기에 일어난 일이라 뭘 어떻게 해야 할지도 몰랐죠. 너무 어릴 때여서 "세상에, 이건 정말 너무하네. 이렇게 괴로울 데가! 하느님이 날 사랑하시고 혐오하신대. 제기랄, 그게 뭐래?" 하느님이 나를 사랑하시고 미워하시기도 한다는 그 느낌은…. 내 삶의 모든 것이 다 부정적이고, 내 삶의 모든 것이 긍정적이래요. 세상에 그런 걸 어떻게 이해해요? 그건 이해하는 게 아니라 느끼는 거예요.[05]

토머스를 자살 시도까지 몰아갔던 신학적 사고는 이와 같이 이중화법을 통해 작동했다. 사랑한다는 메시지와 혐오한다는 메시지가 동시에 같은 무게로 전달되는, 마치 분열되었으나 함께 뭉개진 두 가지 상반된 신학이 존재론적으로 덮쳐 오는 양상이었다. 이러한 신학적 이중화법은 토머스의 표현에 의하면, 광기를 일으키고 온몸으로 느껴지는 육감적인 공격이 되어 죽음보다 더한 고통을 만들어 냈으며, 결국 그를 자살로 몰아갔다. 게이 가톨릭 신학자 제임스 앨리슨James Alison 신부는 이러한 신학적 언어를 '이중포박double-bind'이라고 표현했다.[06] 이런 종류의 신학적 폭력은 신학의 그늘 아래에서 신앙의 보금자리를 틀었던 사람들에게는 영적 학대로 작용한다. 가정 폭력 피해자가 학대에서 벗어나는 것이 지극히 복잡하고 어려운 이유는 폭력이 행해지는 곳이 피해자에게 너무도 친밀한 관계로 얽혀 있는 곳이기 때문이듯이, 영적 학대에서 벗어나는 과정도 그만큼 복잡할 수밖에 없다.

옴짝달싹할 수 없으며 의미 형성도 불가능한 이 상태는 혼동 그 자체이며 괴물 같다. 이 혼동은 여러 이름을 가지고 있다. 악, 귀신, 사탄, 유령 등. 우리는 이름 짓기 어려운 고통에 어두운 이름을 붙이곤 한다. 이 괴물이 모든 선택지를 파괴하고 고통의 굴레에서 벗어나지 못하도록 하는 순간이 바로 자살 시도의 순간이기에, 상담사의 과제에는 이 혼동의 순간에 대한 진단이 늘 포함될 수밖에 없다. '같이 걸을까' 상담 프로그램에서는 다행히 이런 급박한 위기 상황이 아직 발생하지 않았지만, 우리 내담자들은 신앙의 여정 가운데서 이미 여러 차례 혼동과 위기의 순간들을 지나온 경우가 많았다. 그렇다면 목회상담의 임상적 과제는 이 혼동의 겹들을 풀어내고 그 자리에 명백한 의미를 형성해 나가는 것이 된다. 이중화법이 혼동으로 뭉치는 자리, 즉 내담자들이 가졌던 밴 신학이 그들을 저주하는 다른 타인의 신학을 만났던 그 자리에서 목회상담의 작업이 진행된다. 다시 말해 내담자들이 새로운 신학을 만들어 내는 과정에서 어떤 제도 혹은 권력이 작용하고 어떤 심리적 역동이 작동하여 낸 신학이 혼동으로 얽혀 버린 것인지를 탐색하는 작업이 목회상담이 된다. 이 탐색에는, 그동안 밴 신학과 낸 신학이 형성되어 왔던 역동의 역사와 이중화법 및 이중포박의 모순을 넘어서는 다른 예외적인 신학이 탄생했던 순간들도 포함된다. 즉 목회상담은 내담자가 자신의 신학적 여정에서 현재 어디에 서 있는지를 진단하고 자신의 위치를 보다 명확하게 이해할 수 있도록 돕는다.

3. 왜 내담자들은 동성애가 '어느 정도는' 죄라고 여길까?

이중화법의 목소리를 통합하는 과정이 필요하다. 부정적인 목소리를 배제하고 긍정적인 신학만을 선택하는 대신 둘을 통합하고자 하는 노력은 내담자들과 같이 걸어가는 과정에서 얻은 지혜다. 상담을 하며 만난 퀴어 크리스천 내담자들의 신학적 사고의 폭은 놀랍도록 다양했다. 토머스처럼 자신을 옭아매는 신학적 역설에 괴로워하며 자신에게 맞는 교회 공동체를 찾거나 신앙을 포기할 고민을 하는 이들도 있지만, 스펙트럼의 어느 끄트머리에는 자신의 성 정체성이나 성적 지향을 부인한 채 교회 공동체를 선택하는 것을 오히려 속 편하게 여기는 이들도 있다. 그리고 이 모든 고민 속에서, 자신의 성 정체성이나 성적 지향이 죄라는 신학에 일말의 진실이 담겨 있다고 여기고 싶어 하는 내담자들의 욕구를 접하게 된다. 상담사가 자신의 신학적 입장을 밝히는 데 뜸을 들이게 되는 이유 중 하나도 바로 여기에 있다. 상담사가 자신의 입장을 확정적으로 드러내어 섣불리 못을 박아 버릴 경우, 내담자의 세밀한 이야기와 뉘앙스를 듣지 못하게 될 위험이 있기 때문이다.

왜 우리 내담자들은 동성애를 어느 정도 죄라고 여기고 싶어 할까? 이에 대한 답은 사실 각각의 내담자마다 다를 것이다. 그러나 한 가지 공통점은, 이런 생각이 개신교에서 일반적으로 받아들이는 "인간은 죄인이다"라는 신학적 사유와 닮아 있다는 점이다. 이성애적 성관계 또한 개신교 안에서 다양한 맥락 가운데 죄로 여겨질 수 있다. 특히 혼전/혼외 성관계는 결혼 제도를 전제하는 가부장적 질서 안에서 정죄된다. 하지만 성소수자들의 성관계는 결혼 제도를 전제하지 않기에 이러한 가부장적 질서가 적용될 수 없다. 그럼에도 불구하고 가부장적 질서는 조각난 성경 말씀 혹은 설교의 파편들과 함께 유령처럼 퀴어 크리스천들의 머리 위를 떠돌며 그들을 정죄한다. 한편 연인 관계에서도 복잡한 문제가 많이 발생할 수밖에 없다. 그 관계 안에서 주고받은 상처, 정의롭지 못했던 행동, 크고 작은 권력의 남용 또한 죄로 여겨질 수 있다. 내담자의 이야기 속에서 '동성애가 죄'라는 명제는 어느 신학 간행물이나 현수막에 적힌 것처럼 명료하고 깔끔하게 정의된 현상이 아니라, 실제 삶의 현장 가운데 관계로 얽힌 곳에서 복잡하게 작동하는 다양한 의지와 욕구가 만들어 낸 사건들로 이해된다. 그러므로 내담자가 자신이 죄인이라고 주장할 때, 그 말 속에 어떤 의미가 어떻게 담겨 있는지는 우선 그의 목소리를 경청하며 탐색해야 할 일이다.

한편 지극히 신실하게 신앙생활을 하는 몇몇 내담자들에게 동성애는 '하느님 나라와 세상이 대결하는 영적 전투'에서 세속적인 가치로 간주되어 싸워 내야 하는 적이 되기도 한다. 자신의 욕구, 특히 성적 욕구와 싸우는 것은 개신교 전통에 형성되어 있는 금욕주의적 영성의 기본 테마다. 따라서 내담자가 자신의 성적 지향성을 성적 욕구로 전환하여 이해할 경우, '동성애가 죄'라는 명제는 내담자의 밴 신학에 파열을 가하지 않고 매우 자연스럽게 합체될 수 있다. 아주 어쩌면, 임상적인 관점에서 내담자의 이러한 태도를 자신의 핵심 문제를 들여다보지 않는 '자기 부정'으로 바라보며 병리적인 해석을 할 수도 있다. 그러나 개개인의 신학이 형성되어 가는 나선형의 여정을 고려하고, 또 내담자의 그러한 판단이 제공하는 안전감과 그 판단 밖으로 나갈 경우 거쳐야 할 고단한 풍파들을 고려한다면, '동성애가 죄'라는 명제를 수용하는 내담자의 결정은 지금 이 시간 이 장소에서는 합리적이며 존중받아야 하는 결정일 가능성이 다분하다.

어떤 경우에는 내담자의 '동성애' 안에 위험한 관계들이 포함되어 있을 때도 있다. 이 또한 내담자가 자신에게 죄가 있다고 생각하게 하는 중요한 요인으로 작동한다. 물리적, 성적, 심리적, 언어적 폭력이 포함되어 있거나 물질 남용 혹은 안전하지 않은 성관계가 동반되는 경우도 있다. 이러한 상황에서 목회상담은 안전 진단과 개입을 수행한다. 타인을 향하든 내담자 자신을 향하든 간에 관계 안에서 행해지는 폭력을 진단하고 탐색하며, 내담자의 내면에 '죄'라고 뭉텅이로 묶여 있는 개념들과 위험 요소가 어떻게 엮여져 있는지를 점검한다.

이렇듯 임상 현장에서 '죄'는 단순한 개념이 아니라 여러 요소들이 교리적인 언어와 복잡하게 얽혀 있는 다층적인 복합체다. 따라서 내담자가 죄의 문제를 상담실로 가져올 때, 목회상담사는 복잡하게 엉겨 있는 다양한 이슈들의 실타래를 하나씩 풀어 나가는 과정을 거치게 된다. 퀴어 크리스천 내담자들이 동성애를 죄로 여기고 싶어 하는 욕구는, 이같이 복합적으로 엉겨 있는 경험들을 인지하고 그에 대한 명료한 이해를 얻고자 하는 바람을 반영한다. 그리고 이 명료한 이해가 가능해질 때 내담자들은 자신이 죄로 여기고 있는 부분과 자신의 성적 지향성을 구분하고 이중화법 속에 내재된 역설을 통합할 수 있는 기회를 얻게 된다.

4. 내담자의 이중화법 해부하기

퀴어 크리스천 내담자들의 마음을 따라가며 그들의 신학적 여정에 동행하다 보면, 그들이 겪고 있는 신학적 이중화법에 대한 통찰을 얻게 된다. 이중화법의 두 가지 맥락, 즉 '혐오와 저주의 메시지'라는 맥락과 '사랑의 메시지'라는 맥락을 따라가 보자.

바꿀 수 없는 것은 저주다?

성소수자들을 향한 신학적 이중화법의 첫 번째 폭력 요소는 "동성애는 죄이므로 하느님이 그를 싫어하신다"는 저주의 메시지다. 그러나 성 정체성처럼 바꿀 수 없는 나의 나 됨을 결정하는 경험이 저주일 수 있는가? 그것이 저주라고 말하는 것은 과연 누구인가? 혹시 이 저주의 끝이, 토머스가 경험한 자살 시도가 아니라 다른 곳에 도달할 수도 있지 않을까?

요한복음에서 예수가 야곱의 우물가에서 사마리아 여인과 대화하는 장면에 등장하는 그 여인은 주석하는 학자에 따라 다른 모습으로 그려진다. 예를 들어, 거의 모든 신학도서관에 비치되어 있는 《앵커바이블 주석》의 요한복음 주석가 레이몬드 브라운Raymond E. Brown은 유대 여성들이 세 번까지 재혼할 수 있었음을 언급하며, 사마리아의 풍습이 유대와 같았다면 이 여인은 상당히 비도덕적인 여인이었을 것이라고 일갈한다.[07] 그는 또한 이 여인에게 다섯 명의 남편이 있었고 현재 함께 사는 남성이 남편이 아니라는 언급은 사실 이 성서 본문에서 중요한 부분이 아니라고 설명한다. 그러나 이후 많은 페미니스트 성서학자들은 이 성서 본문 속 여인의 남편에 대한 내용을 재해석해 왔다. 사마리아의 풍습이 어떠했든 간에, 수전 밀러Susan Miller에 따르면 이 여인에게 다섯 명의 전 남편이 있었다는 것은 그가 지속적으로 상을 당했거나 혹은 다섯 번 이혼을 당했을 가능성을 암시한다.[08] 그러한 수모 가운데 그는 남들이 우물가에서 물을 긷는 선선한 시간에 물을 긷지 못하고, 해가 가장 강한 대낮에 홀로 물을 긷는다. 즉, 사마리아 여인은 남들 눈에 띄지 않도록 벽장 속에 들어가 살고 있다.

그 여인을 벽장 속에 가둔 것은 그가 바꿀 수 없는 과거가 그에게 붙인 딱지다. 브라운이 말하는 부도덕성으로 인한 수치심 때문이 아니라, 반복된 상과 이혼으로 인한 아픔 때문에 그에게 '재수 없는 년'이라는 딱지가 붙었을 것이다. "저 여자와 결혼하면 제 명에 못 산대." "저 여자와 상종하면 재수 옴 붙어." 이런 수군거림이 그가 남편을 다섯 번 잃는 상실을 경험하는 동안 차곡차곡 쌓여 혐오의 시선을 형성했을 테지만, 정작 그가 그 시선을 바꾸기 위해 할 수 있는 일은 없다. 사마리아 여인이 남편들의 죽음을 초래한 것이 아님에도 불구하고, 재수 옴 붙은 이를 두려워하고 멀리하는 것이 인지상정이라 여기는 이들은 그 여인을 배척하며 저들끼리 수군거린다.

이런 식으로 붙은 '재수 없는 년'이라는 딱지를 관계문화이론relational cultural theory이라는 상담심리이론에서는 '지배적 이미지controlling image'라고 부른다. 지배적 이미지는 "지배 집단이 피지배 문화 집단의 힘을 박탈하기 위해 피지배 집단의 이미지를 왜곡되게 드러나게" 하는 데 사용된다.[09] '재수 없는 년'이라는 이미지는 이 여인에게 악한/더러운/두려운 존재라는 프레임을 씌우고 주변 사람들이 그와 관계하는 방식을 고정시킴으로써, 사마리아 여인이 움직일 수 있는 삶의 공간을 통제한다. 결국 이러한 이미지는 그가 실제로 처한 상황 가운데 겪고 있는 상실과 트라우마에 대한 공감의 가능성을 차단하고, 이 여인을 사회적 관계에서 더욱 소외시킨다. 자신이 죄인인지를 묻고 호소하는 내담자들의 이야기는 이러한 지배적 이미지를 뒤집어쓴 사마리아 여인의 경험과 많이 닮아 있다.

지배적 이미지는 사마리아 여인의 활동 반경에 경계선을 긋는다. 우리 사회가 그어 놓은 여러 경계선들은 지배와 피지배의 영역을 가른다. 그렇다면 우리는 경계선을 만날 때마다 그 선을 그은 주체가 누구인지 질문해야 한다. 일부 내담자가 자신이 죄인일지도 모른다고 생각하게 되는 지점들 중에, 퀴어 커플의 사랑이 어떤 모습이어야 하는지를 고민하게 만드는 지점이 종종 우리 상담사들 앞에 나타난다. '같이 걸을까'를 시작하기 전에 자문을 구했던 목회신학자이자 병원 원목인 냇 드 루카Nat de Luca는 퀴어 가족과 퀴어 관계란 이미 가부장제라는 제도 안에서 사유할 수 없는 관계이므로, 가부장제가 가지고 있는 여러 사고의 프레임이 퀴어 관계에서는 제대로 작동하기 어렵다고 조언했다.[10] 가령 일부일처제로 작동하는 가부장제에서는 무엇이 외도이고 배반인지가 비교적 명확하지만, 퀴어 관계에서는 외도와 배반이라는 개념이 새롭게 정의되어야 한다는 것이다. 가부장제가 혼전 순결이나 일부일처제의 규율을 통해 지켜 온 것이 가부장의 명예와 혈통이라면, 혈통에 관한 규율이 필요 없는 게이 관계에서 성관계를 맺는 대상의 경계를 어디까지 설정할 것인지는 각 커플이 결정할 문제이지, 가부장제가 관여할 문제가 아니다. 이렇듯 경계가 퀴어하게 그려지는 모습을 관찰하면서 무엇이 죄인가를 고민하는 내담자와 동행하는 과정에서는, 경계를 그은 주체를 확인하고 폭력이 발생할 수 있는 지점들을 점검하여 내담자와 그 주변인들의 안전을 확인하는 것이 내담자가 자기 경험의 도덕성에 대한 명료함을 향해 가도록 돕는 길이라는 관찰을 하게 된다. 그러나 지배적 이미지는 이러한 과정을 수용하기를 거부한다.

따라서 지배 집단이 씌운 지배적 이미지는, 실제 경험하는 관계 속에서 찾아지는 '관계적 이미지relational image'와 모순될 수 있다. 요한복음의 사마리아 여인은 예수와의 대화에서 예수가 던지는 선문답 같은 말들 가운데 예수를 빠른 속도로 파악하고 이해하며, 그 이해를 바로 행동으로 옮기는 모습을 보인다. 사마리아 여인은 깊은 공감 능력과 이해력을 바탕으로 예수와 진정성 있는 대화를 이어 갈 수 있었으며, 정곡을 찌르는 통찰을 얻어 이를 행동에 옮겼던 것이다. 관계문화이론으로 해석하자면, 이 여인은 남들이 씌워 놓은 지배적 이미지와 달리 사마리아 땅을 지나는 유대인에게 긍정적인 관계적 이미지로 다가갈 수 있었고, 예수와 대화하는 과정에서 진정성 있는 상호 공감을 통해 좋은 관계, 즉 '성장 지향적 관계growth-fostering relationship'를 형성할 수 있었다. 이렇게 형성된 좋은 관계는 지배적 이미지의 굴레로부터 그를 해방시켰다. 그가 자신을 통제하던 집단 안으로 들어가 증언하는 장면에서 좋은 관계가 보여 주는 다섯 가지 좋은 요소들, 즉 활기, 자존감, 명료성, 생산성, 더 많은 관계를 향한 욕구를 마음껏 펼치는 그의 모습을 볼 수 있다. 바로 이 부분은 신학적 이중화법의 두 번째 맥락과 맞닿아 있다.

하느님이 나를 사랑하신다

신학적 이중화법의 폭력은 사랑과 혐오를 한꺼번에 소화해야 하는 성소수자의 온몸을 압도한다. 이 폭력이 더욱 폭력적인 이유는 바로 사랑이 일어나는 자리에서 발생하는 사건이기 때문이다. 관계문화이론은 전통적인 정신분석학이 내세우는 기본 가정, 즉 심리적 현상이 각 개인의 자아 안에서 발생한다는 가정에 의구심을 품었던 페미니스트 정신역동 상담사들이 만들어 낸 이론이다. 이들은 상담 관계에서 상담사가 전문가로서 객관성을 유지할 수 있다는 가정이 오히려 상담에서의 관계성을 단절시킨다는 점을 지적하고, 실제로는 상담사와 내담자 간의 상호성이 치유적 관계를 형성한다는 사실을 관찰하며 치유의 자리를 관계 자체로 보는 이론을 전개했다. 관계문화이론의 관점에서 보면 사랑이 일어나는 자리는 바로 이 관계의 자리다.

좋은 관계와 좋지 않은 관계에서 어떤 일이 일어나는지, 그리고 관계가 치유적 성장을 이루어 낼 때 어떤 성격을 가지는지를 연구한 관계문화 이론가들에 따르면, 앞서 언급한 성장 지향적 관계가 형성될 때 상담사와 내담자는 상호 공감을 할 수 있는 진정성에 도달한다. 이 진정성 있는 공감의 자리는 관계 안에 있는 이들이 자신의 연약한 부분을 드러내는 용기를 내고 상대방의 깊은 공감을 받아 낼 때 형성된다. 이를 신학적 용어로 표현한다면 '사랑이 이루어지는 과정'이라 명명할 수 있을 것이다. 실제로 내담자들이 자신의 삶 속에서 가장 취약한 순간을 공유하고 그 안에서 일어난 일들을 탐색할 때, 상담사는 그 관계 가운데에서 귀한 혹은 성스러운 라포rapport가 형성되고 자신이 내담자에게 연결되는 과정을 느낄 수 있다. 또한 퀴어 크리스천 내담자들의 경험에서 하느님의 사랑을 받았다는 고백이 들어 있는 순간을 탐색할 때도, 바로 이러한 연약함 속에서 발현되는 희미하지만 반짝거리는 성스러움을 발견하게 된다. 이러한 성스러운 만남이 언제나 일어나는 것은 아니기에 그 관계 안에 들어선 상담사는 그 순간을 온몸으로 느낄 수밖에 없다. 그 자리는 영성의 자리다.

한편 관계문화 이론가들은 그 자리가 생명력 넘치는 가능성을 지님과 동시에 테러의 가능성 또한 함께 지니고 있음을 언급한다. 관계의 이러한 역설적 성격을 '핵심적인 관계적 모순central relational paradox'이라고 부른다. 우리는 타인과 연결되어 풍성한 생명과 사랑의 경험에 다가가는 순간에 기대와 두려움을 함께 경험한다. 그리고 깊은 관계의 연결이 될 듯 말 듯한 순간에 연결 전략과 단절 전략 사이를 오가며 맴돌게 된다. 연인이 가까워져 서로의 관계를 확인하는 순간에 갈등이나 문제가 발생하는 것도 이러한 핵심적인 관계적 모순과 관련이 있다. 매우 깊은 이야기를 꺼내고 의미 있는 대화를 나눈 내담자가 다음 상담 회기에 나타나지 않는 경우에도 이 모순이 작동했을 가능성이 있다. 심지어 하느님의 사랑을 경험했던 순간조차도 이러한 관계적 모순으로 감싸인 순간일 수 있다.

보수 개신교 전통 안에서 하느님의 사랑을 깊이 경험한 내담자들이 "동성애가 죄인가"라는 질문 앞에 어느 정도는 '죄'라고 답하고 싶어 하는 욕구는, 사랑을 느껴 본 이가 경험하는 핵심적인 관계적 모순으로 인해 연결 전략과 단절 전략 사이를 오가며 추고 있는 춤사위의 모습일지도 모른다. 사랑으로 돌진하기보다는 그 주위를 맴돌면서, 죄인이기 때문에 감히 폭 안겨 버리지 못하는, 지극히 인간적인 관계성의 씨름을 하고 있는지도 모른다. 어쩌면 그래서 한 지혜로운 내담자가 "진보 신학과 보수 신학의 스펙트럼 가운데 내가 다치지 않을 정도로 보수로 기울어 있는 신학적 포지션을 보여 달라"고 요구했던 것이 아닐까.

사실상 복음주의에서 이야기하는 죄는 지극히 관계적인 문제다. 죄가 하느님과 인간의 관계를 단절시켰으며 그 죄를 용서하기 위한 그리스도의 사역이 그 관계를 회복시켜 놓았다는 것이 내가 대학 시절 달달 암기했던 '사영리(CCC 창립자인 빌 브라이트가 개발한 전도용 소책자)'의 기본 원리였다. 그렇다면 내담자들이 자신의 죄에 대해 질문하는 것은, 보다 심층적으로 하느님과 자신의 관계에 대해 묻는 것이다. 따라서 내담자들과 함께 그 관계를 탐색하며 이들의 신앙 여정 어디에선가 그 관계가 성장해 온 과정을 목격하고 다음 과정에 동행하는 것이야말로 임상 현장에서 목회상담사의 신학적 사고하기 및 실천하기의 과정이 된다.

그러므로 상담사는 "동성애는 죄인가"라는 질문에 감히 섣불리 답하지 못하고 겸손히 탐색을 시작한다. 내담자가 던지는 이 신학적인 질문은 그들이 삶 속에서 경험한 여러 복잡한 관계, 성취와 실패, 성장 과정에서 겪은 수많은 사건들과 함께 묻혀 있으면서 어떤 경우에는 상담의 핵심 목표로, 어떤 경우에는 또 다른 목표의 배경으로, 혹은 무의식적인 흐름 속에서 상담 공간으로 흘러들어 온다. 그러므로 이 글에서 짚어 본 신학적 사고의 과정은 모든 것을 포괄하지 않으며, 특정한 사례를 심도 있게 분석하여 그 사례의 깊이를 보여주지도 않는다. 다만 상담에서 신학적 사고를 한다는 것이 무엇을 의미하는지에 대해 끊임없이 고민하는 목회상담사들의 노력의 한 예를 제공할 뿐이다.

***
주

01 임마누엘 라티, 《상호문화 목회상담》, 문희경 옮김, 도서출판 대서, 2011, 39쪽.
02 하워드 스톤·제임스 듀크, 《일상에서 신학하기》, 엘드론, 2015, 29~47쪽.
03 Cody Sanders, *Christianity, LGBTQ Suicide, and the Souls of Queer Folks*, New York Lexington Books, 2020, pp. 41~42.
04 Ibid., p.42.
05 Ibid., p.45.
06 James Alison, *Faith Beyond Resentment: Fragments Catholic and Gay*, New York: Crossroad, 2001, p. 94.
07 Raymond E. Brown, *The Ancthor Bible: The Gospel According to John I-XII*, New York: Doubleday, 1966, p. 171.
08 Susan Miller, *Women in John's Gospel*, London: T&T Clark, 2023.
09 주디스 조던, 《관계문화치료 입문》, 정푸름·유상희 옮김, 학지사, 2016, 160쪽.
10 자문 대화의 일부.

***
참고문헌

임마누엘 라티, 《상호문화 목회상담》, 문희경 옮김, 대서, 2011.
주디스 조던, 《관계문화치료 입문》, 정푸름·유상희 옮김, 학지사, 2016.
하워드 스톤·제임스 듀크, 《일상에서 신학하기》, 김상백·김용민 옮김, 엘도론, 2015.

07
차이, 다양성 그리고 이성애 특권

*최형미
(한국퀴어신학아카데미 회장)

눈물을 흘리며 대표기도를 하고, 일찍 교회에 와서 어린이들을 가르치고, 때로는 집수리 봉사에 나가 먼지를 뒤집어쓰며 일했던 중년의 부부가 교회를 떠났다. 동성애 반대를 적극적으로 하지 않은 교회와 함께할 수 없다는 것이 이유였다고 들었다. 최근 우리나라 기독교인들을 갈라치기하는 가장 뜨거운 이슈는 '동성애 지지 vs. 동성애 반대'다. 최근 들어 갑자기 주목받은 이 주제는 묘하게도 우리나라 극우들의 정치 논리로 작동하고 있다.

이 글에서 나는 페기 매킨토시Peggy McIntosh의 '이성애 특권'이라는 개념을 빌려, 현재 우리가 마주선 갈라치기 정치를 어떻게 극복하고 다양성을 회복해 안전한 사회로 나아갈 것인가에 대해 이야기하고자 한다.

특권 개념은 '특권 걷기privilege walk'라는 이름으로 우리 대학의 인권 교육에도 등장했다. 그러나 때로는 "알고 보면 너도 '특권'을 가졌잖아" 정도로 읽히기도 한다. 값싼

위로를 줄 뿐이지, 사람들의 분노를 잠재워 변화와 변혁의 힘을 약화시키는 역할을 하는 것은 아닌지 의구심을 주기도 한다.

특권운동은 차이에 대한 자각이며 다양성을 인정하는 사회로 향하는 움직임이다. 내가 어떤 특권을 가졌고 또 어떤 억압을 겪는지를 동시적으로 인정하는 작업이다. 지금까지 인권운동은 자기 자신의 억압 경험에서 시작했다. 이를 '정체성의 정치학'이라고 부른다. 정체성의 정치학은 특정 집단의 억압 경험에 기반을 두고 배타적으로 연대하는 운동이다. 우리 편과 반대편의 경계가 분명한 운동이다. 1970년대의 여성운동, 인종차별 철폐운동, 노동운동에서 주로 이 방법을 사용했다. 그러나 정체성의 정치학은 그 한계를 분명하게 보여 주었다. 여성들의 억압 경험이 서로 다르다는 것, 노동자들의 입장이 서로 다르다는 것, 퀴어 사이의 억압 경험이 서로 다르다는 것을 인식하게 되면서 '서로 다른 우리가 어떻게 함께 운동을 펼쳐야 하는가'의 문제에 봉착했다. 이를 해결하기 위해 차이를 수용하는 다양한 운동이 진행되었다. 그 가운데 차이의 정치학으로서 특권운동에 관한 이야기를 하려고 한다.

1. 특권이론의 등장과 시대적 배경

2016년에 미국 애틀랜타에서 열린 시 경연대회에서 14세 소년이 〈백인 소년의 특권White boy's privilege〉이라는 제목의 시로 최고상을 받았다. 소년은 곧 유명세를 타며 방송에 등장했고 자기가 지은 시를 랩으로 노래했다.

여자들이여 미안해요. 흑인들이여 미안해요. 아시아 미국인들이여 미안해요. 선주민들이여, 더 나은 삶을 원해 이곳에 찾아온 이주민들이여 미안해요. 중산층 가정의 백인 소년으로 태어나지 못한 모든 사람 미안해요.
(…)
당신들이 사다리 바닥에서 출발할 때, 나는 태어날 때부터 사다리 위에 있었어요. 나는 지금 당신과 자리를 바꿀 수 있다고 즉각적으로 말할 수 있지만, 그럴 기회가 온다면 그럴까요? 나는 그렇지 못할 거예요.
(…)
이제 우리는 여자들처럼 행동해야 해요. 강해지고 변화를 이끄는 여자들처럼.

우리나라에서 열네 살이면 중2병이니 뭐니 해서 가장 골칫거리라고 여겨지는 나이다. 어떻게 미국에서 열네 살의 나이에 이런 시를 쓰는 청소년의 등장이 가능했을까? 그 배경에는 미국의 인권단체 SEED Seeking Educational Equity & Diversity가 있다. SEED는 페미니스트 학자 페기 매킨토시가 설립한 공정과 다양성을 확장하는 단체다. 인권운동에서 억압과 차별 등의 주제가 주류를 이루던 시기에 매킨토시는 '특권'에 주목하여 전환을 맞았다. 아래에서는 특권이론이 등장하기까지의 시대적 배경과 흐름을 간략히 짚어 보고자 한다.

1990년대, 혼돈에 빠진 페미니즘

1990년대에는 페미니즘 차이 논쟁이 격렬했다. 흑인 여성들은 자신들의 경험을 고려하지 않은 주류 백인 페미니즘을 비판하며 '우머니즘 womanism'을 주장했다. 용감한 흑인 페미니스트들의 등장 이후 다양한 여성 집단이 자신들의 경험이 다르다고 주장하며 아시아 페미니즘, 이슬람 페미니즘, 레즈비언 페미니즘, 장애 페미니즘 등의 독자적인 목소리를 냈다.

예컨대 여성을 도구화해 온 국가를 비판한 백인 페미니즘과 달리, 식민 지배를 겪은 여러 아시아 국가 여성들은 국가가 중요하다고 주장했다. 국가가 없을 때 그들은 폭력과 착취에 시달렸기 때문이다. 그뿐 아니라 제국주의의 억압을 함께 버텨 온 남성들을 적대적으로 대할 수 없다고 말했다. 한편 가족에 대한 페미니즘의 비판은 역사가 오래되었다. 페미니즘은 가족을 억압의 기제라고 보았고, 아버지와 남편이 중심이 되는 가족의 굴레에서 벗어나는 〈인형의 집〉의 로라는 페미니즘의 상징이기도 했다. 그러나 적지 않은 흑인 페미니스트들은 인종차별 사회에서 가족은 비록 그 안에 억압이 있을지라도 위로의 공간이자 피난처라고 주장했다. 백인 페미니스트들이 모성을 착취 이데올로기라고 비판할 때, 흑인 여성들은 이렇게 주장했다. "내 아이가 거리에서, 학교에서 폭력과 차별로 고통받을 때 어떻게 그들을 지켜 내지 않을 수 있나? 우리는 모성으로 공동체를 지킨다." 비슷한 맥락에서 강제 불임을 경험한 장애 여성들은 자신들의 모성 권리를 주장했다.

이렇듯 다양한 여성들이 각자의 경험을 이야기하면서 1990년대 페미니즘은 혼돈의 도가니에 빠진 것처럼 보였다. 혹자는 페미니즘이 한계를 드러냈다고 비판했으며, 혹자는 페미니즘이 더는 사회운동이나 학문의 역할을 수행할 수 없다며 페미니즘은 끝났다고 주장했다. 이와 같은 혼돈의 시기를 통과하면서 페미니즘은 각자의 경험을 이야기하게 만드는 '차이'란 무엇인가를 묻고, 이러한 차이를 어떻게 운동으로 수렴할 수 있는지를 탐구하는 데 집중했다. 이후 페미니즘 이론은 '차이'를 사유하는 다수의 페미니스트 이론가를 배출하며 전성기를 맞았다.

샌드라 하딩, 우리 안의 타자

미국의 철학자 샌드라 하딩Sandra Harding은 '다른 목소리'의 정체가 무엇인가를 밝히는 데 집중했다. 하딩은 주변의 경험을 이야기하는 것이 우리가 더 폭넓은 시야를 확보하도록 함으로써 문제를 더욱 객관적으로 보게 만든다고 주장했다. 중산층 백인 남성의 시선이 객관적이라는 근대적 사유를 비판하며 "다양한 관점이 문제 해결을 위해 넓은 시각을 주기 때문에 문제를 해결할 수 있는 객관성을 확보한다"[01]는 니체의 관점주의를 접목한 것이다. 그뿐 아니라 헤겔의 '주인과 노예의 변증법'을 가져와, 노예는 생존하기 위해 주인의 입장을 알아야 하고 동시에 자기 자신의 입장을 알아야 하기 때문에 이중 관점을 가지게 된다고 설명하며 다양성을 담보하는 소수자의 시선이 객관성을 담보한다고 주장한다. 그는 분명하게 말했다. 우리 안의 타자(stranger within), 즉 정치적 소수자들, 가난한 사람들, 여자들, 이방인들, 성소수자들이 사회문제를 객관적으로 바라보도록 하는 강한 객관성을 가졌다고 말이다. 하딩은 주변에서 들려오기 시작한 낯선 목소리에 힘을 실어 주었다.

도나 해러웨이, 하이브리드 여성

페미니스트 이론가이자 생물학자인 도나 해러웨이

Donna J. Haraway도 차이 논쟁에 뛰어들었다. 과학철학자이기도 한 그는 차이 논쟁으로 인식론적 딜레마에 빠진 페미니즘에 '존재론적 전환'을 제시했다. 즉, 우리가 당연하게 여겼던 인간, 여성, 세계를 새롭게 정의함으로써 문제에 접근한 것이다. 그의 제안은 제3세계 여성을 단일한 정체성을 가진 존재가 아닌 아시아인, 이주민, 노동자, 여성이라는 다중적 정체성을 가진 존재로 바라보자는 주문이었다. 그는 1985년에 발표한 〈사이보그 선언문〉을 통해 제3세계 여성을 사이보그이며 키메라라고 선언했다. 기계이자 인간이라는 다중 정체성을 가진 사이보그와 사자의 머리, 양의 몸통, 뱀의 꼬리를 가진 상상의 동물 키메라를 이미지로 제시했다. 21세기 여성의 정치적 입장을 시각적으로 표현한 것이다. 사이보그와 키메라는 한 몸에 여러 정체성을 지녔기에 정치적으로 일관된 입장을 취할 수 없으며, 분열된 목소리를 가지며 모순과 딜레마를 숙명적으로 가지고 살아가는 존재라고 주장했다.

킴벌리 크렌쇼, 상호교차성 이론

킴벌리 크렌쇼Kimberlé Crenshaw는 차이 논쟁의 정점에 섰던 페미니스트 법학자다. 그는 법체계 속에서 흑인 여성이 배제되고 있음을 발견하고, 억압 시스템이 교차하는 지점에서 차이가 발생한다고 주장했다. 여성들이 각기 다른 목소리를 내는 것은 그들이 성차별만 겪는 게 아니라 인종차별, 계급 차별, 장애 차별, 섹슈얼리티 차별 등을 동시에 겪기 때문이라는 것이다. 크렌쇼는 차이를 막연하게 문화적 차이로만 보았던 기존의 통념을 넘어서 정치적 메커니즘으로 설명했다. 그가 제시한 상호교차성 이론은 차이 논쟁을 일단락하고, 차이를 허용하면서 어떻게 차이의 정치학을 펼칠 것인가에 대한 구체적인 논의로 나아가게 했다. 이에 흑인 페미니즘뿐 아니라 아시아 페미니즘은 상호교차성 이론을 적극 수용하여 자신들의 차이를 설명하는 한편 자신들의 경험 이야기를 확장시켰다.

다양한 각도에서 이루어진 차이, 논쟁이 주장하는 바는 하나로 수렴된다. 주변화되고 억압받고 착취당하는 이들은 다른 목소리를 내며, 그들의 목소리가 문제 해결을 위해 가장 중요하다는 것이다. 단일 가치 체계로 위계적 세계를 구성한 가부장제 사회는 차이가 등장할 때마다 이를 배제하고 하나로 통합하려 했지만, 페미니즘은 차이를 포용하여 확장하는 길로 나아갔다. 이는 페미니즘이 중심주의를 넘어서 주변으로, 변방으로 나아가는 차이의 학문이라는 점을 분명하게 했다.

페기 매킨토시, 차이의 정치학으로서의 특권

차이 논쟁이 뜨거웠던 시기에 등장한 학자가 페기 매킨토시다. 그는 1988년 발표한 〈백인 특권과 남성 특권 White privilege and male privilege〉를 시작으로 다양성 확장에 기여했다. 나는 특권이론으로 세계적인 명성을 얻은 페기 매킨토시가 2018년 한국을 방문했을 당시 그를 만난 적이 있다. 당시 82세였던 그는 정치적 소수자가 강한 객관성을 가졌다는 주장에, 본인도 소수자라며 '소수자 되기 경쟁'에 나서지 않았다. 오히려 매킨토시는 자신이 사회적 자원을 많이 가진 주류에 속한 사람이라고 고백했다. 하버드대학교에서 공부했고, 웨일스대학교 교수이고, 두 딸과 남편은 의사이며, 좋은 가족을 가졌고, 백인이고, 이성애자이고, 미국인이고, 사회의 주류에 속해 있기에 사회를 제대로 볼 수 있는 강한 객관성을 갖지도 못했으며 인식론적으로 무능하다는 고백이었다. 그는 사회에 기여하고 싶은 마음은 있으나 자신의 무능을 자각하고 며칠 밤을 잠을 못 자고 고민하며 자신이 사회를 이해하고 도움이 되는 방법이 무엇인가 물었다. 자신이 노력해 얻었다고 믿었던 그 많은 성과가 사실은 자신이 누린 특권이었다고 이야기한다.

2. 특권은 개인의 문제가 아니라 사회 시스템이다

한국어로 '특권'을 구글링하면 국회의원, 재벌 등 아주 특별한 개인이나 권력 계층에 있는 인물이 검색된다. 국회의원이 금배지 위에 누워 있는 이미지나 왕관을 쓰고 있는 사람들이 이미지로 나온다. 특권이 특별한 권리를 가진 개인의 문제로 받아들여지고 있다는 것이다. 그러나 영어로 'privilege'를 구글링하면 상황이 완전히 바뀐다. "당신의 특권을 확인하라(Check your privilege)" 같은 모든 사람에게 적용되는 구호라든가 'White (and privileged)'라는 단어처럼 백인 뒤에 '특권을 가진'이라는 괄호를 붙인 영어 표현이 검색된다. 이렇듯 영어권에서 특권은 권력층이나 부자만이 가지는 특별한 권리가 아니라, 모든 사람의 의제라는 인식이 널리 퍼져 있다. 영어문화권에서는 특권이 시민운동에 접목된 것이다. 도대체 어떤 일이 일어난 것일까?

우리는 특권을 느낄 수 없다

억압은 느껴진다. 억압을 가한 당사자가 그런 적이 없다고 잡아떼고 억압이 눈에 보이지 않을지라도 쿵쿵 지독한 냄새가 나며 느껴진다. 아이리스 영은 억압 경험을 착취, 폭격, 문화적 제국주의, 무력함 그리고 주변화라는 다섯 가지 얼굴을 가졌다고 밝혀 낸다. 매킨토시는 특권은 느껴지거나 보이지 않는다고 주장한다. 그래서 그는 특권을 '무게 없는 배낭Knack sack'이라고 표현했다. 이 무게 없는 배낭 안에는 지도, 각종 도구, 여권, 비자, 나침판, 담요 등이 모두 갖추어져 있어서 내가 필요할 때 언제든 꺼내 쓸 수 있다. 매킨토시는 특권을 태어날 때 이미 내 이름으로 만들어진, 잔고가 바닥나지 않는 은행 잔액이라고도 표현했다. 즉, 무언가 편리한 것을 잔뜩 가지고 있는데 우리는 그것을 가졌는지도 모른다는 것이다.

특권 알아채기 방법, 미러링

그렇다면 보이지도 않고 느껴지지도 않는 특권을 어떻게 알아차릴 수 있을까? 매킨토시의 고민은 이것이었다. 그가 제안한 방법은 '미러링mirroring'이다. 미러링은 우리에게 이미 익숙한 단어다. 여성을 향한 혐오 발언을 그대로 반사해 남성들에게 혐오 언어의 폭력성을 알려 주는 방식을 말한다. 여성들에게는 '유리 천장'뿐 아니라 욕도 공격도 못하게 만드는 '유리 바닥'도 있다고 강하게 반발하며 등장한 운동 방식이다. 용감하고 통쾌한 시도였지만 모든 사람의 지지를 받은 것은 아니며, 혐오가 난무한다는 비판도 있었고 굳이 남성들의 방식을 따라 할 필요가 있느냐는 우려도 있었다.

서구 사회와 우리나라의 특권에 대한 인식이 서로 다르듯이, 페기 매킨토시가 사용하는 미러링의 의미 또한 우리가 사용하는 그것과는 다르다. 우리나라에서 미러링은 말할 수 있는 입이 중요하다면, 매킨토시에게 중요한 것은 귀다. 아무리 훌륭한 인격을 가졌더라도 특권은 스스로 깨달을 수 있는 것이 아니다. 들을 귀가 있어야 한다.

두 가지 방식의 듣기

메킨토시가 주장하는 듣기 방식은 단순히 남의 이야기를 잘 들으라는 것이 아니다. 그가 제안하는 듣기 방식은 두 가지다. 첫째, 내 안의 소리를 들어라. 둘째, 상대방의 소리를 들어라. 내 안의 소리를 듣지 않는 사람이 있을까? 의아해하는 사람도 있겠지만, 이 말은 나의 고통과 굴욕과 분노를 외면하지 말고 들으라는 의미다. 사람들은 종종 이런 감정들을 외면한다. 아닐 거라고 부정하고 피해 버린다.

둘째로 상대방의 목소리를 들으라는 말은, 타인이 하는 말을 평가하거나 재단하지 말고 있는 그대로 들으라는 의미다. 바로 이 두 가지 방식의 듣기가 만나 미러링이 일어난다. 페기 매킨토시는 사람들에게 이 두 가지 듣기를 훈련시키기 위해 SEED를 설립했고 운동을 확장해 왔다.

특권에 관심을 가지게 된 계기

페기 매킨토시는 자신이 특권에 관심을 가지게 된 계기로 된 웨일스대학교에서 경험한 일을 이야기한다. 당시 그는 3년 동안 여러 대학 교수들과 함께 페미니즘 세미나를 진행했다. 세미나의 목적은 여성 이슈를 다른 수업에 연계하려는 것이었다. 어느 정도 신뢰가 쌓였을 때 여성 교수들이 의견을 모아, 모든 교양 과목에 여성학을 필수로 넣자고 제안했다. 그러나 남성 교수들이 반대했다. 학생들이 학문적으로 중요한 훈련을 해야 하는 시기에 이런 "시시한soft"(필자의 번역) 과목을 넣지 말자는 것이었다. 세미나에 참석한 남성 교수들은 대부분 새로운 분야에 도전하고 용감하며 타인을 배려하는 등 인품이 훌륭했다. 그런데도 이 남성 교수들은 목숨을 걸고 아이를 낳는 일, 가족, 어머니 이야기, 일상의 평등 같은 주제를 시시하게 여겼다. 매킨토시는 이 경험을 통해 지식은 '남성적'이라는 사실을 절실히 깨닫게 되었다고 한다. 남성 학자들은 인격이 훌륭하고 학문적으로 많은 성과를 내고 있었지만 성차별 문제에는 무지했다. 매킨토시는 이들을 동료 교수로 봐야 할지 아니면 억압적으로 봐야 할지 혼란스러웠다고 밝혔다.

    매킨토시가 이 문제를 푸는 열쇠를 찾게 된 계기는 그가 오래전에 읽었던, 1980년대에 미국 보스턴에서 쓰인 흑인 여성들의 글이었다. 당시 많은 흑인 여성들이 백인 여성들과 함께 일하는 것이 억압적이라고 증언했는데, 당시의 매킨토시는 그들을 이해할 수 없었다고 한다. '나는 억압적이지 않으며 주변에 많은 백인 여성들도 인격이 훌륭해 보인다. 왜 흑인 여성들은 그렇게 예민할까?' 그러나 그때를 되짚어 보니 그 당시 자신의 모습을 지금 백인 남성 교수들에게서 발견했다. 매킨토시는 흑인 여성들에게 친절하려고 노력했지만, 친절함이 억압을 상쇄시키는 것은 아니었다.

이후 그는 다양한 사람들과 함께 특권 깨닫기 교육의 장을 만들었다. 그곳에서 이루어지는 것은 비판이나 논쟁이 아니라 서로의 이야기를 듣는 것이다. 우리 각자는 자신들이 차별을 당했다고 생각하는 지점이 다르다. 상대방은 차별이라고 생각하는데 나에게는 아무렇지도 않았던 경험, 거기에 특권이 있다. 학교, 나이, 가족, 결혼, 인종, 젠더, 문화, 언어, 종교 등 특권은 다양하다.

서로 다른 사람들이 모여 자신이 겪은 차별을 이야기할 때, 어떤 이들은 그러한 차별을 겪지 않았다는 사실이 자신이 가진 특권이었음을 깨닫는다. 자신이 보이지 않게 특권에 기대어 있었으며 그것이 사회의 억압 구조를 강화하고 있다는 사실을 깨달아 가는 것이다. 매킨토시는 다양한 워크숍을 통해 백인 특권, 남성 특권, 이성애자 특권 등 다양한 사례를 발굴하여 사람들이 자신이 특권을 가진 존재라는 것을 깨닫게 하는 운동을 확장하고 있다.

당신의 특권으로 특권을 끝장내라

매킨토시는 무엇이 특권인지를 알아차리는 일을 개인에게만 맡겨 두지 않았다. 사례 연구를 통해 '특권 리스트'를 만들어 사람들에게 알려 왔다.

- 원한다면 나와 같은 인종의 사람들과 집단생활을 할 수 있다.
- 집세를 지불할 수만 있다면 내가 원하는 지역에서 살 수 있다.
- 방송에서 내가 긍정적으로 재현되는 것을 볼 수 있다.
- 수표, 신용카드, 현금 등 어느 지불 수단을 사용해도 재

정적으로 믿을 만한 사람이라는 점을 내 피부색으로 인해 의심받지 않는다.
- 어느 누구에게든 내 인종 집단에 대한 질문을 받지 않는다.
- 이기적이거나 자기중심적으로 보이지 않으면서도 인종주의를 걱정할 수 있다.

그는 40여 개가 넘는 리스트를 만들어 백인들이 특권을 누리고 있음을 알렸다. 이것이 어떻게 가능했을까? 백인들이 유색인들의 차별 경험을 '듣고' 자신의 경험에 미러링함으로써 그것이 특권이었음을 깨닫는다. 미국의 사회 시스템이 철저히 백인들에게 맞춰져 있는 현실을 알린 것이다.

매킨토시는 이성애 특권에 대해서도 사례 연구를 통해 리스트를 만들어 알렸다. 몇 가지 사례는 다음과 같다.

- 합법적으로 결혼할 수 있다.
- 배우자 보험과 자녀 보험을 들 수 있다.
- 사고가 났을 때 적극적으로 나설 수 있다.
- 군대에 갈 수 있다.
- 섹슈얼리티를 자랑스럽게 여긴다.
- 공공장소에서 애인과 두려움 없이 손을 잡고 다닌다.

매킨토시는 차별당하는 사람들의 목소리에 귀를 기울이면서, 우리 사회의 특권이 무엇인지를 하나씩 정리해 갔다. 나이 차별, 계급 차별, 국가 차별, 종교 차별, 외모 차별까지 그의 프로젝트는 계속 확장되었다. 그는 특권에 집중하여 미러링, 특권 리스트 만들기 등의 활동으로 자신이 깨달은 것을 사람들과 나누는 작업을 개발했다. 특권은 억압이 만든 또 다른 얼굴이다. 인권운동을 그저 당사자 운동으로 여길 때, 가진 자와 못 가진 자, 남자와 여자, 제국주의와 식민지의 갈등으로 이어질 것이고 결국은 힘겨루기로 나아갈 것이다. 싸움에서 약자는 이기기 어렵다. 나는 인권운동은 모두의 운동이 되어야 한다고 믿는다. 매킨토시는 이렇게 주장했다. "당신의 특권을 이용해 특권을 끝장내라 Use your privilege to end privilege."

왜 독실한 기독교 신자들이 성소수자들을 차별하고, 모욕적인 언어로 그들을 비난할까? 그들은 억압적이고 잔인한 사람들일까? 그들의 신앙은 위선적일까? 남성 교수들이 여성 문제를 사소하게 여겼던 것처럼, 백인 여성들이 흑인 여성들이 겪는 차별을 이해하지 못했던 것처럼, 이성애 중심의 특권을 누리는 사람들은 성소수자들이 겪는 차별과 억압을 온전히 이해할 수 없다. 이 간극을 좁히는 유일한 방법은 '경청'이다. 달리 말해 특권의 보호 밖에서 살아가는 이들의 목소리를 듣는 것이다.

매킨토시는 서로의 경험을 비난하기보다, 그저 듣는 자세가 필요하다고 강조했다. 지난 2024년 감리교단에서 이동환 목사를 출교시켰을 때, 재판부에 있던 사람은 "나는 성소수자를 만난 적이 없다"라는 말로써 그 결정을 정당화했다. 이 말은 특권이 얼마나 사람들을 눈 멀게 만드는지를 여실히 보여 준다. 특권을 가진 이들은 주변의 고통을 보지 못하고, 들으려 하지 않으며, 존재 자체를 지우려 한다. 교회가 세상의 빛과 소금이 되지는 못할망정 오히려 세상이 기독교인들의 행동을 우려하고 있다. 자신만이 옳다고 여기는 근본주의가 오히려 특정 정치의 도구가 되기도 한다. 이러한 분열과 비난을 극복하기 위해 나와 다른 경험을 하는 이들과의 소통의 방식을 찾고 공간을 여는 것이 절실하게 필요한 때다.

주

01 B. Leiter, *Perspectivism in Nietzches's Genealogy of Moral*, University of California Press, 1994, pp. 322~345.

참고문헌

최형미, 〈여성주의 안에 나타나는 딜레마에 대한 이해 시도〉, 《한국여성철학》 22권, 한국여성철학회, 2014.

_____, 〈인도네시아 여성운동, 거르와니(Gerwani, 1950-1965) 안에 나타난 교차성의 정치학〉, 《아시아여성연구》 vol.58, 숙명여자대학교 아시아여성연구원, 2019.

_____, 〈차이의 철학을 통해 살펴본 페미니즘의 차이의 정치학에 관한 고찰: 아시아 여성운동을 중심으로〉, 《한국여성철학》 36권, 한국여성철학회, 2021.

B. Leiter, *Perspectivism in Nietzches's Genealogy of Moral*, University of California Press, 1994.

Peggy McIntosh, White Privilege and Male Privilege: A Personal Account of Coming to See Correspondences through Work in Women's Studies. In: Andersen, M.L. and Collins, P.H., Eds., *Race, Class and Gender: An Anthology*, Wadsworth Publishing Company, Belmont, 1988.

https://www.nationalseedproject.org/images/documents/White_Privilege_and_Male_Privilege_Personal_Account-Peggy_McIntosh.pdf

https://www.nationalseedproject.org/ SEED Project website, at Wellesley Centers for Women.

"보이지 않는 것을 보는 것, 특권 알아채기", 〈당당뉴스〉, 2021년 5월 14일.

퀴어스레 신학하기
한국 퀴어신학의 시작

초판 1쇄 발행	2025년 10월 23일
지은이	이우연·유영상·이유정·황용연·정혜진·박희규·최형미
편집	한국퀴어신학아카데미 교육위원회
발행인	이동환
디자인	서다은
펴낸곳	도서출판 QNA
주소	서울시 종로구 대학로 19 508호
전화	010-5735-7524
이메일	qnaoffice2021@gmail.com
ISBN	979-11-988023-3-0 93230